大 学 生
心理健康教育

刘建锋 石 静 编著

第二版

Psychological Health
of College Students

"一切为了学生，为了学生一切"

上海交通大学出版社
SHANGHAI JIAO TONG UNIVERSITY PRESS

内容提要

　　本书根据教育部下发的《普通高等学校大学生心理健康实施纲要》的精神,围绕一线工作中对高职院校在校学生心理健康教育的实践、探索与思考,本着"必需、实用""贴近实际、贴近生活、贴近学生"的原则,密切结合职业院校学生的实际,分别从大学生适应力与健康、大学生自我发展、大学生的专业学习、大学生的人际关系、大学生的恋爱心理、大学生情绪管理、大学生的休闲活动、大学生挫折心理调适到大学生的生命教育等方面进行分析及阐述,并提出了多种调适、解决的思路和方法,帮助学生提高心理健康水平,引导学生将所学的内容应用在日常的学习、生活及工作中,提高自身心理素质,突出了职业教育的特点,具有较强的指导性、可读性、知识性和实用性。

图书在版编目(C I P)数据

　　大学生心理健康教育 / 刘建锋,石静编著.—2 版.—上海:
上海交通大学出版社,2020

　　ISBN 978 - 7 - 313 - 22851 - 2

　　Ⅰ.①大…　Ⅱ.①刘…　②石…　Ⅲ.①大学生-心理-
健康-健康教育-职业教育-教材　Ⅳ.①G444

　　中国版本图书馆 CIP 数据核字(2020)第 019581 号

大学生心理健康教育(第二版)
DAXUESHENG XINLI JIANKANG JIAOYU(DI-ERBAN)

编　　著:刘建锋　石　静

出版发行:上海交通大学出版社　　　　　地　　址:上海市番禺路 951 号

邮政编码:200030　　　　　　　　　　　电　　话:021 - 64071208

印　　刷:常熟市文化印刷有限公司　　　经　　销:全国新华书店

开　　本:710mm×1000mm　1/16　　　印　　张:14

字　　数:281 千字

版　　次:2016 年 3 月第 1 版　2020 年 2 月第 2 版　　印　　次:2020 年 2 月第 4 次印刷

书　　号:ISBN 978 - 7 - 313 - 22851 - 2

定　　价:59.00 元

序　一

高校心理健康教育实践证实,拥有健康的心理素质是一个人取得成功和成才的必然要素。众所周知,心理健康的人都能够善待自己、善待他人,适应环境,情绪稳定,人格和谐。近几年大学校园中的恶性事件及心理普查报告中相关资料显示,在校大学生只有明确自我价值,调整自我心态,拥有良好的心理健康水平,才能真正提高自己适应社会的能力,更好地融入社会,为社会主义建设贡献自己的一份力量。

高等职业院校的根本任务就是以服务为宗旨,以就业为导向,着力培养既掌握熟练技术,又坚守职业精神的技术技能人才。这样的技术技能人才,需要有较强的适应社会能力,才能真正为社会主义和谐社会的建设贡献自己的一份力量。高职院校的学生教育管理工作就是要紧紧围绕这个任务,根据《关于进一步加强和改进大学生思想政治教育的意见》,结合大学生的身心特点,积极探索有效途径,建立符合大学生身心发展特点的教育管理新模式,不断提升学生适应社会的能力。

高职院校大学生犹如温室幼苗,没经受过社会动荡风雨的洗礼,伴随着社会的进步,电视、电脑、网络、媒体等给他们学习生活带来巨大便利的同时,更对他们的思想观念及行为产生了深刻的影响,使他们成了所谓的"新人类"。他们具有追求个性的张扬,独立、超前等观念或前卫的思想,具有强烈的叛逆性;他们接受新事物快,学习能力强,但抗挫折能力令人担忧,具有较强的依靠性等;面对一些特殊问题时,他们的价值观也会有所倾斜。因此,关注、发现、掌握高职院校大学生的身心特点,有针对性地加强心理健康教育与引导工作,是全面加强高职院校在校大学生身心健康,培养他们良好的个性心理品质和社会适应能力、承受挫折能力和情绪调整能力,促进他们的心理素质与思想道德素质、科学文化素质、身体素质的全面协调发展的需要,也是新时期培养高素质职业技术人才的迫切需要。

南京城市职业学院高度重视大学生心理健康教育。学院于 2012 年 5 月设立"大学生心理健康教育中心"，同年以必修课的形式将大学生心理健康教育课程正式纳入人才培养方案。2013 年 5 月，学院组建以长期在一线从事心理健康教育、思想政治教育的教师为主体的大学生心理健康教育课程教学团队，面向全院一年级在校生正式开设大学生心理健康教育课程。大学生心理健康教育课程教学团队以学院多年组织开展的心理普查、心理咨询等相关数据为基础，在学习借鉴南京工业职业技术大学生心理健康课程建设经验的基础上，积极探索适合我院在校学生实际的心理健康课程建设途径，经过三年研讨、教学积累，形成了我院校本教材——《大学生心理健康教育》。

　　《大学生心理健康教育》以一线从事教育、管理工作教师的工作体会、经验为基础，以我院多年来心理健康教育、心理咨询、团体辅导等工作所积累的案例为先导，借助心理学的基本原则和方法，本着"一切为了学生，为了学生一切"的宗旨，对学生在自我意识、情绪、人格发展、人际交往、恋爱、职业规划等方面可能遇到的心理问题进行了分析探讨，并提出了多种问题调适及解决的思路和方法，对帮助他们更好地适应大学生活，提高心理健康水平，全面提升大学生思想政治教育的针对性、实效性等方面具有重要的实践和指导意义。

郭宪绪

南京城市职业学院党委书记

序　二

　　著名作家雨果说过:"世界上最广阔的是海洋,比海洋更广阔的是天空,比天空更广阔的是一个人的心理世界。"心灵是人生的太阳,是动力的源泉,是美的使者。

　　大学,是人生逐步走向成熟的阶段。在这一成长的道路上,大学生们或许会碰到各种困难,遭遇挫折与迷惘,甚至伴随着忧伤或烦恼等。为此,需要通过学习、掌握心理健康知识、技能,借以调节自己的情绪、增强自信,正确面对可能面临的心理困扰或矛盾,更好地适应大学生活。

　　作为曾经在南京广播电视大学(南京城市职业学院的前身)工作过的一名教师,获悉学院着手撰写大学生心理健康教育的教材时,我的内心一阵欣喜!喜的是,学院建校时间短,在心理健康教育基础相对薄弱的条件下,从事心理健康教育工作的教师们为了更好地为学生健康成长勇于探索、主动学习、敢于创新的精神风貌。欣的是,在人力、物力、财力均吃紧的条件下,学院通过各种尝试、努力,积累了大量的大学生心理普查数据、心理健康教育素材、心理咨询案例、团体辅导经验等,为校本教材建设奠定了较为扎实的基础。

　　经过三年的耕耘、历经若干次研讨、两稿讲义的尝试,南京城市职业学院校本教材《大学生心理健康教育》即将在这收获的季节里完成。这一段旅程,既充实了学院心理健康课程建设的基石,更收获了学院心理健康教育、教学的丰硕成果。我相信,风景还在远处!

　　本教材根据教育部下发的《普通高等学校大学生心理健康教育工作实施纲要》的要求,结合高等职业教育理念,围绕高职院校"90后"在校学生的身心特点、生活环境、学习实际以及常见的心理问题,本着"必需、实用"的原则,以案例为先导,运用心理学原理与方法,从帮助学生认识心理的局限性和影响健康的根源入手,以"培养心理健康自我维护能力"为主要目标,以"什么是心理健康、怎样才能增进心理健康"为主线,传授心理保健技能,提高学生的心理健康意识、心理素质以及应对挫折和环境压力的能力,为学生终身发展奠定基础。尤其值得肯定的是,教材在关注了"90后"成长环境的基础上,增加了在校大学生的休闲心理及基本状况的分析与引导的内容,具有一定的前瞻性。

本教材写作结构严谨,语言简练,思想清晰,可读性强,既有每章导引设计的生动案例,也有为学生拓展和思考的练习;既可作为课堂教学的教材,也适合于大学生自觉进修的科普读物,为大学生心理健康教育提供了重要的教学资源。

南京师范大学心理学院副院长

前　言

习近平总书记在全国高校思想政治工作会议上强调:"要坚持不懈促进高校和谐稳定,培育理性平和的健康心态,加强人文关怀和心理疏导,把高校建设成为安定团结的模范之地。要坚持不懈培育优良校风和学风,使高校发展做到治理有方、管理到位、风清气正。"加强大学生心理健康教育是全面贯彻落实全国高校思想政治工作会议精神的重要举措,是培养高素质人才的重要环节,是加强和改进大学生思想教育工作的重要任务。重视心理健康教育,根据大学生的身心特点和发展规律,注重培养大学生良好的心理品质和优良品格,促进大学生的全面发展,是高等学校一项十分紧迫的任务。

人类的心理活动是一个伴随着生命而自然存在的现象和过程,进入 21 世纪以来,现代社会对人的心理素质的要求越来越高。而大学时期是一个人走向成熟的重要时期,是大学生世界观、人生观、价值观形成的关键时期。对于在校大学生来说,他们在成长过程中遇到的困难和矛盾,产生的困扰和冲突,会形成这样或那样的心理问题。而这些心理问题又往往同他们世界观、人生观、价值观的形成交织在一起。心理问题是世界观、人生观、价值观问题在心理方面的反映。心理问题的解决,从根本上讲要以树立正确的世界观、人生观、价值观为前提。反过来,心理问题的存在,也必然影响正确的世界观、人生观和价值观的确立。因此,针对大学生开展心理健康教育,对加强和改进大学生思想教育工作具有重要的意义。

本教材在第一版基础上,结合笔者 3 年教学实践、新生普查数据、学生反馈意见等,将教材内容进行整合和修改,增加了"生命教育"等内容,将"时间管理""生涯规划"部分分解、融入相关章节讲授,以期更贴近高职院校的学生实际。通过第一和第二课堂的开展,引导学生将所学的内容应用在日常的学习、生活及工作中,提高自身心理素质,所以,本教材具有较强的可读性、知识性和实用性。

本教材编写分工如下:总体框架由刘建锋、石静策划与设计。各章分工如下：刘建锋负责第一章编写，曹敏洁负责第二章编写，王文婷负责第三章编写，杜文娟、顾涛负责第四章编写，石静负责第五章编写，李晓菲负责第六章编写，程碧波负责第七章编写，王超负责第八章编写，孙维佳负责第九章编写，柴黄洋子、石静负责第十章编写，王博洋负责附录编写。全书由陈沛然博士负责统稿，孙维佳负责文字处理。

本教材编写得到了南京师范大学心理学院副院长、硕士生导师刘穿石博士的精心指导。书中引用了不少前辈的研究成果，在此一并深表感谢！

目　录
Contents

第一章
绪　论

【情景导入】

打开书看到这里的各位同学,还记得九月份时爸爸妈妈陪着自己走进大学校门那刻的心情吗?不论我们走进的是何种类型的大学,它能带给我们的有关大学的一切,会和其他的学校一样真真切切。

走过大学生活的同学回望大学时代会发现,真正的大学经验与那些外在的校门、建筑、松柏相关不大。不论外相如何,各位同学需要适应和面对的,也许远远超过你们曾设想的。

小学六年,初中三年,高中三年,我们从未停止过学习、适应、成长的步伐,也许我们也已经意识到:身体的成长在二十多岁的时候就已经停止,但心灵的成长,永无止境。

在人生的旅途上,我们不断地来到新的环境,遇到新的课题,面对新的困惑,发现新的自己;我们的心灵,一路成长和丰满着。

而大学,是我们真正走上属于自己的路的起点;走进大学,开始独立生活,独立面对和处理学习和生活的相关事宜,开始探索心灵的成长。

第一节　心理健康概述

当今世界，科技飞速发展，竞争日趋激烈。大学生身处纷繁复杂的社会环境之中，一方面要应对不断增加的学习和择业压力；另一方面还要抵御来自内心深处的心理冲突和外界的各种诱惑，他们迫切需要学习和掌握一些心理调适的方法，以提高自己的心理健康水平，应对未来社会的各种挑战。当代大学生已经朦胧地意识到心理健康对个人成长的重要性，但如何增进心理健康，如何利用各种教育资源提高自己的心理健康水平，提高应对各种心理困扰的能力，许多学生还并不十分清楚。健康是生命之本，快乐是生命之源，而要想拥有快乐，就必须拥有一颗健康的"心"。那么，什么是心理健康？怎样才能增进心理健康呢？

一、什么是健康

心理健康的概念是伴随着人们对健康概念的深入认识而不断发展的。因此，为了更好地理解什么是心理健康，有必要先了解一下健康概念的演化。

人类对健康概念的认识是随着社会的发展及人类自我认知的深化而不断丰富的。自古以来，无论是帝王将相，还是普通百姓，他们都渴望健康，祈求长命百岁。然而，对什么是健康，健康的概念应包括哪些内容，不同时期的人们有着不同的理解。在生产力低下的时期，人类只关注如何适应和征服自然，维护自身的生存。其后，随着生产力水平的提高，人类开始关心身体健康，防病、治病的医学科学应运而生。数百年来，生物医学的巨大成就为人类的健康做出了卓越的贡献，这种成就使人们对健康的认识长期以来一直局限于过分关注躯体的生物学变化，而忽视了人的心理活动及社会存在对健康的影响。例如，人们在日常生活中往往只注重锻炼身体，而不重视培养健康的心理；一有头疼脑热就往医院跑，而有了严重的心理疾病却自觉不自觉地加以掩盖。这种片面的健康观已经带来了许多不良后果。据统计，美国每 4 个人中就有 1 个人在其一生中因心理方面的原因而引起生理方面的疾病；每 12 个人中就有 1 个人因心理方面的疾病而住院。美国全国的医院病床中,几乎有一半是被心理疾病患者所占住。

随着科学技术的进步与社会的发展,建立在传统健康观基础上的生物医学模式已经转变为"生物—心理—社会"医学模式。历史发展到现代,人类对健康的认识再一次发生飞跃,人们已不再把健康仅仅视为生理机能的正常或衰弱与疾病的减少。1948 年,世界卫生组织(WHO)刚刚成立时,就在其宪章中开宗明义地指出:"健康是身体上、精神上和社会适应上的完好状态,而不仅仅是没有疾病或虚弱。"这种对健康的理解意味着,衡量一个人是否健康必须从生理、心理、社会等因素中综合分析,不仅看他有没有器质性或功能性异常,还要看他有没有主观不适感,有没有社会公认的不健康行为。

为了加深人们对健康的认识,世界卫生组织还规定了健康的十条标准:

(1)有足够充沛的精力,能从容不迫地应对日常生活和工作压力而不感到过分紧张。

(2)态度积极,乐于承担责任,不论事情大小都不挑剔。

(3)善于休息,睡眠良好。

(4)能适应外界环境的各种变化,应变能力强。

(5)能够抵抗一般性的感冒和传染病。

(6)体重得当,身体匀称,站立时头、肩、臀的位置协调。

(7)反应敏锐,眼睛明亮,眼睑不发炎。

(8)牙齿清洁,无空洞,无痛感,无出血现象,齿龈颜色正常。

(9)头发有光泽,无头屑。

(10)肌肉和皮肤富有弹性,走路轻松。

从这十条健康标准可以看出,健康包括身体健康和心理健康两个方面,相辅相成,缺一不可。严格地说,没有一种病是纯粹的身体方面的,也没有一种病是纯粹的心理方面的。因此,我们在考虑自身的健康和疾病时,要注意身心两个方面的反应。

20 世纪 80 年代初,世界卫生组织又提出了"亚健康"的概念,用以描述健康和疾病之间的过渡阶段。所谓"亚健康",是指一种介于健康与疾病之间的"第三状态",又称为"次健康""疾病前状态""第三状态""灰色状态""潜临床状态""半健康人"等。它的主要特征表现为生理、心理、躯体均存在活力减低,适应能力呈不同程度减退的现象，即有自觉症状，但做全面的理化检查又未能发现异常或处于临床状态，没有出现功能性或器质性病变。因此，1981年世界卫生组织在对健康人群进行大量调查后，对"健康"的概念做出了如下的阐述："健康就是精力旺盛地、敏捷地、不感觉过分疲劳地从事日常活动，保持乐观、蓬勃向上及有应激能力。"美国学者杜巴认为："真正的健康并不是全无疾病的理想境界，而是在一个现成的环境中有效运作的能力。环境在不断地变化，所谓健康便是不断适应无数每日威胁人们的微生物、刺激物、压力和问题。"从适应的角度来看，健康的人是有能力解决问题的人，健康不是没有问题，而是能够解决问题。

1989年，世界卫生组织又深化了健康的概念，提出21世纪的健康概念中应该包括躯体健康、心理健康、社会适应良好和道德健康四个方面。在这一新概念中，以生理健康为物质基础并发展心理健康与良好的社会适应，道德健康则是整体健康的统帅。这种认识是现代社会人们对健康概念的全面总结与更新，健康不再仅仅是躯体状况的反映，而且还必须是心理活动正常和社会适应良好的综合体现。

从健康含义的演变可以看到，今天的健康涉及诸如人的生命组织的标准和病理学问题；个人的心理结构及其形成机制的问题；人的身心交互作用的问题；人的生理层面、心理层面、伦理层面及社会层面辩证统一的问题；个体健康与群体和社会健康相互联系的问题；等等。这也就是"大健康"观念。健康既受社会生活中各种因素的影响，也反作用于社会生活的各个方面，健康应该而且必然成为整个人类共同关注的话题。实现个体的健康和社会的健康是人类共同致力的目标。

二、什么是心理健康

心理健康的概念是伴随着美国人克利福德·W.比尔斯(Cliford W. Beers)倡导的心理卫生运动而逐步建立起来的。比尔斯的哥哥患有癫痫，比尔斯在美国耶鲁大学读书期间，听说此病具有遗传性，怕自己也得这种病，终日处于恐惧、焦虑中，导致精神失常而中途辍学住进精神病院。在三年的住院治疗中，比尔斯亲身体验了精神病患者悲惨的处境，目击并身受了医院对于患者的冷漠和虐待，不胜悲愤。同时，更使他痛苦的是社会上对于精神病的误解，对于精神病痊愈者的歧视和偏见。他病愈出院后，立志把自己的一生献给精神病患者。他向各方面呼吁，要求改善精神病患者的待遇，并从事预防精神病的活动，但响应者甚少。于是，他根据自己的感受和体会写成一本举世闻名的书——《自觉之心》（*A Mind That Found Itself*，又名《一颗自我发现的心》《发现自己的灵魂》《心灵的归来》等），于 1908 年 3 月出版。此书文字生动，再现了他住院三年间的悲惨经历，描写了精神病院设备的简陋、保护室的肮脏、寒冷，精神科医生的冷酷无情，护士的粗暴、虐待、侮辱以及信件检查等非人的对待。当时美国著名心理学家哈佛大学教授威廉·詹姆斯（William James）给此书以高度的评价，并为之作序。美国当时最负盛名的精神病学家阿道夫·迈耶（Adolf Meyer，精神生物学创始人）读了此书后，充分肯定并赞扬了这本书的价值，认为这就是心理卫生（mental hygiene）。

在英语中"mental hygiene"有维护心理健康的意思，后来，hygiene（卫生）一词被 health（健康）代替，于是心理卫生与心理健康的英文就都用"menntal health"来表示了。"心理卫生"既是指一门学科，也是指一种实践活动，又是指一种心理状态，即心理健康状态。通常而言，心理卫生这一概念指的就是心理健康。

由于人的心理是极其复杂的，因此，对于心理健康也只能采用描述性定义，即便如此，不同学者因依据的理论不同，对于心理健康的描述也不尽相同。大多数的临床精神病学家认为健康的心态就是没有症状的心态；而许多社会工作者则认为健康的心态是合乎某一水准的社会行为，一方面能为社会所接受，另一方面能为本身带来快乐；也有一些心理学家认为健康的心态就是平均状态，偏离平均值就属于不健康。在众多定义中，最普通的一种观点是以个人能否适应环境来划分健康与否，若一个人对环境适应良好，则这个人的心理是健康的，反之，则不健康。

例如，对一个智力正常但学习成绩很差，品行一般，老老实实，循规蹈矩的学生进行心理健康状况评价，根据上面的四种定义不难看出：在临床精神病学家眼中，该学生是很健康的，没有什么问题。在社会学家眼中，该学生应该也是健康的，他老老实实，循规蹈矩，没有逾越一定的社会准则。不过，这种健康的判定是以该学生没有因学习问题而体验痛苦为前提的。如果依据第三种观点，该学生则可能是不健康的,因为对一个智力正常的学生来说,他应该有较强的求知欲望,他的学习成绩也应该是常态的。依据第四种观点对这名学生进行评价,我们认为他是不健康的。在当今瞬息万变的社会之中,循规蹈矩、墨守成规不是健康的依据,而积极向上、勇于开拓创新才是心理健康的标准。

对于心理健康概念的理解虽然并不统一,但心理学家几乎一致认为,心理健康是一个相对概念,不同时代,不同国家,心理健康的标准可能会不完全相同。因此,第三届国际心理卫生大会(1946年)将心理健康定义如下:"所谓心理健康是指在身体、智能以及情感上与他人的心理健康不相矛盾的范围内,将个人心境发展成最佳状态。"为了便于对心理健康进行评价,世界心理卫生联合会还给出了心理健康应普遍遵循的准则:身体、智力、情绪十分调和;适应环境,人际关系中彼此谦让;有幸福感;在工作和职业中,能充分发挥自己的能力,过高效率的生活。

心理健康与生理健康是健康概念不可分割的重要组成部分,但是心理健康的标准并不像生理健康那样具体、精确、绝对。人的心理现象是一种主观精神现象,它的度量很难有一个固定而清晰的界限。一般认为,心理健康是一种持续的心理状态,个体在这种状态下能很好地适应,具有生命的活力,能充分发挥其潜能。由于心理健康状态具有连续性,因此心理健康与心理不健康并不是泾渭分明的,而是一种连续或交叉的状态。良好的心理健康状态到严重的心理疾病之间是渐进的、连续的,异常心理与正常心理、变态心理与常态心理之间没有绝对的界限,只是程度的差异。如果我们不注意心理保健,不注意提高自己的心理素质,就有可能出现不良的心理状态,那么心理健康水平就会下降,严重的就会出现心理困扰和心理疾病。反之,如果有了心理困扰或心理障碍时,能及时自我调整和寻求专业的心理咨询帮助,烦恼就会很快解除,恢复健康的心理状态。总之,心理健康的状态不是静止不变的,而是一个动态发展的过程。在人的一生之中,心理困扰和心理疾病谁都不可避免,心理健康不是没有问题,而是有办法解决问题,是能够应对问题。

三、大学生心理健康的特点

大学生是社会群体中的特殊部分,他们的心理健康状况与其他群体有所不同。因此,在研究和制定大学生心理健康的标准时,必须考虑到大学生群体的特殊性,要使标准能够为大学生心理健康教育实践和心理咨询服务。参照心理健康的一般标准,我们认为,大学生心理健康的标准应该包括下述八个方面的内容:

（一）良好的环境适应能力,能独立生活

环境适应能力是心理健康的核心。哈佛大学的"格兰特研究"认为,"心理健康就是适应""只有在日子过得不顺利时,才显得出心理是否健康",所以,人们在遇到困难时,适应能力就显得特别重要。大学生的环境适应包括对生活改变的适应、对思想观念的适应以及对社会工作的适应。

（二）对学习有较浓厚的兴趣和求知欲望

大学生的主要任务是学习,如果一个学生没有学习的兴趣和求知的欲望,那么他在学校里就会表现不佳,会感到空虚无聊。这样的学生多半会发展成为"问题学生",他们是心理咨询的重点对象。

（三）正确的自我意识

自我意识是对"我是谁"和"我将往何处去"的认知,大学生如果缺乏正确的自我意识,就会失去前进的方向和动力。

（四）良好的心境,能协调和控制情绪

在竞争日益激烈的今天,任何人都不可能使情绪始终保持在最佳状态,每个人都有可能遭遇情绪低落。但对于大多数人来说,他们能在合适的时候,合适的地点,以合适的方式宣泄情绪,他们的心情通常是愉快的,这就是协调和控制情绪的能力。如果不具有这种能力,任由自己的情绪随意发泄,就会导致心理障碍。

（五）和谐的人际关系,乐于交往

人际关系是心理健康的重要指标。乐于交往的人,心理有了烦恼就会主动找人倾诉;而性格孤僻的人,常把心事憋在心中,时间久了就容易出现心理异常。

（六）完整统一的人格品质

人格是心理的核心,人格不健康（缺陷或分裂）的学生心理也是不正常的。例如,那些时常违犯学校纪律、行为散漫、屡教不改或者自私自利、不讲公德的学生,通常具有反社会型人格,是心理咨询关注的重点。

(七) 反应适度

反应适度是一个统计学上的诊断标准,是指对于刺激的反应不能偏于常态,否则就是不正常的。例如,一个学生因失恋而出现自杀行为,那这种行为就是偏于常态的,他的心理就是不健康的。

(八) 心理行为符合年龄特征

人的心理发展通常是与年龄相匹配的,什么样的年龄就必然伴随着什么样的心理特点和行为方式。"青年人是八九点钟的太阳",如果大学生没有表现出青年人应有的朝气蓬勃、积极向上,而是萎靡不振、精神颓废,那他的心理必然出了问题。

第二节 大学生常见的心理健康问题与教育意义

一、大学生常见的心理健康问题

根据 2000 年在南京召开的大陆、中国香港、中国台湾 21 世纪高校心理健康问题座谈会上透露的信息,目前全国有 3 000 万青少年存在不同程度的心理问题。16%～25.4% 的大学生有心理障碍,以焦虑不安、强迫症、神经衰弱等症状为主,较严重的自理障碍者约占 10%,严重心理异常者约占 1%,而且,心理不健康的比例有上升的趋势。

某学院自 2009 年至今的心理健康普查中的各项数值也符合上述情况。以 SCL-90 为例,2014—2019 年某学院大一学生心理状况异常比率如表 1-1 所示。

表 1-1 某学院学生心理状况 2014—2019 年检出异常率

年份	2014	2015	2016	2017	2018	2019
异常率	19.6%	19.2%	19.55%	19.55%	7.87%	17.47%

调查表明,学业问题、情绪问题、人际关系问题、情感问题、性心理问题、特殊群体学生的心理健康问题和大学生活适应问题是目前大学生中普遍存在的心理健康问题。根据我院心理健康中心统计的情况,我院大学生常被以下问题困扰:

（一）学业问题

学习压力大,学习动力不足,学习目的不明确,学习动机功利化,学习成绩不理想,学习困难、考试焦虑等学业问题始终困扰着大学生。此外,有的学生因专业选择不当,也会影响学习兴趣和学习成绩。

（二）情绪问题

情绪问题主要表现在以下方面。

（1）抑郁。以个体心中持久的情绪低落为主,常伴有身体不适,睡眠不足等,心情压抑、沮丧、无精打采、什么活动都懒得参加。

（2）情绪失衡。大学生的社会情感丰富而强烈,具有一定的不稳定性和内敛型,表现为情绪波动大。

（三）人际关系问题

人际关系问题主要表现在以下几方面。

（1）人际关系不适。进入大学后,远离原来熟悉的生活与学习环境,面对新的人际群体,部分学生显得很不适应。

（2）社交不良。部分学生缺乏在公众场合表达自己思想的能力与勇气,面对各种各样的活动充满了兴趣,却又担心失败,只是羡慕而积极参与的不多,久而久之,开始回避参与,感叹"外面的世界很精彩,外面的世界很无奈"。

（3）个体心灵闭锁。大学生缺乏人际交往经验,而自身在人际交往中的不自信又不利于增加自身的人际魅力,妨碍了良好的人际交往圈的形成。与此同时,由于个体间正常的交往不够,又易引发猜疑、妒忌等,不利于学生的健康成长。

（四）情感问题

爱情、友情、亲情是学生情感方面的三个重要问题。

（1）爱情困扰。爱情虽然在大学并非一门必修课,但大学生们仍然从各个方面开始了自己的情感之旅。大学生中流传着"每周一哥""普遍撒网、重点培养、择优而谈""不在乎天长地久,只在于曾经拥有""预约失恋"……单相思、失恋、网恋的现象时常发生,引发的问题很多。因此,正确处理爱情与学业的关系是大学生的一门必修课。

(2)友情困扰。在处理个人情感问题上,分不清友情与爱情,不能很好地把握男女同学之间交往的尺度。有的同学希望珍惜友谊又不经意地使友谊失之交臂。

(3)亲情问题。你每周和父母通几次电话?每次都聊些什么?每次能聊多长时间?很多大学生反映与家长没有太多的话讲,交流也是以实质性问题为主,比如经济供给、物质要求,而非情感沟通。

(五)大学生活适应问题

大学生活适应问题主要表现在以下几个方面。

(1)生活能力弱、自理能力弱的情况普遍存在。尽管高校都在倡导大学生"自我教育、自我管理、自我服务",但是作为社会医院,大学生普遍不能够很好地处理自己的事务。

(2)大学生对挫折的心理承受能力弱。目前的在校大学生基本按照在学校"老师宠着"、在家里"父母捧着"的模式生活,一旦面临学业、生活、感情方面的挫折,大学生便显得无所适从,感到失去了生活的意义,甚至怀疑人生。这些学生在独立性、未来感、自由感、自信心等方面更容易受挫折。面对新环境带来的机遇和挑战,有时心理准备不足,担心受挫。

(六)性心理问题

还有一类心理问题,虽然在我院咨询的个案不多,但也是一般大学生常见的心理问题,也要受到关注。这类的问题主要表现在以下几个方面:

(1)性生理适应不良。青春期性生理的成熟,必然带来相应的心理变化,渴望获得异性的好感与承认,产生性幻想、性压抑、性冲动、性梦等。由于性教育的严重缺失,很多学生不能正确认识自我的性反应,产生了堕落感、耻辱感与罪恶感。有的大学生因做性梦产生性幻想不能自拔以至于产生轻生的念头,还有的学生由于对自身性生理欲望的因素与恋爱对象发生性行为而引发了其他社会性事件。

(2)性心理问题。性的好奇、性无知、性与爱的困惑、由于性行为产生的后果及心理压力,都是值得引起重视的问题。

处于转变阶段的大学生出现以上的心理矛盾和问题是过渡时期具有的正常现象,在这些"危机"中同时也蕴藏着"转机":对大学生活抱有的不切实际的幻想消失了,正视现实,勇于探索,调整情绪,重振精神,使得大学生顺利步入新的发展阶段。但是,若这些矛盾和冲突过于激烈和持久,就容易产生压抑感,甚至出现心理障碍,影响学生的健康发展。

二、大学生心理健康教育的意义

从目前状况看,我国大学生心理健康总体水平偏低。据有关调查显示,全国大学生中因心理疾病而退学的人数占退学总人数的54.4%。一系列的研究也充分说明,当前大学生的心理健康状况堪忧,理应引起学校、社会、家庭的高度关注。近年来,大学生因心理压抑、心理异常、心理变态、心理危机、心理障碍或心理疾病等原因不惜伤害自己和他人的恶性案件屡有发生,且有上升趋势。这一系列的事实也告诉我们:必须高度重视大学生的心理健康教育问题。

(一)心理健康是时代发展的需要

21世纪是人才竞争愈发激烈的世纪,在亚太经合组织(APEC)第九次领导人非正式会议(上海,2001年)上,各经济体领导人通过《领导人宣言》和《上海共识》一致强调,在今后十年中,要强化APEC执行机制,要加强人力资源能力建设。这就是说,世界各国已经普遍认识到,未来的竞争是对高素质人才的竞争。在知识经济时代,高素质的人才对企业发展乃至国家综合国力的提高都是十分重要的。十几年前,一张本科毕业证书就是进入社会的通行证,而今天,本科甚至硕士毕业证书都已经不再好使。随着高等教育的逐渐普及,社会关注的将不再是大学生有没有文凭,而是有没有能力,是否善于沟通,能否与他人协作。在近年来的就业市场上,这种看重大学生心理素质的招聘倾向已经显现,许多跨国公司在招聘时已经开始应用心理测验来了解大学生的心理健康状况。可以预见,在未来的社会之中,心理健康必将成为21世纪的通行证,大学生只有拿到了这张通行证,才能够在广阔的社会舞台上自由驰骋。

21世纪,强调高效率和高节奏的社会生活将成为主流,这就必然会带给人们更多的紧张、焦虑和不安。伴随着世界经济一体化趋势的加强,就业和生存压力也将继续增加。为了应对这些挑战，大学生就必须拥有良好的心理素质，学会心理调适，保持心理健康。这是时代发展对大学生提出的要求，也是大学生适应社会、适应环境变化所必须具备的能力。

（二）心理健康是大学生全面发展的需要

现代社会普遍认为，大学生的综合素质包括思想道德素质、专业素质、人文素质、身体素质、心理素质和行为素质等方面，其中，心理素质是大学生安身立命的本钱。没有良好的心理素质，其他素质的提高也就无从谈起。因此，心理健康是大学生全面发展的基础。

一般而言，心理健康的大学生都有相对稳定的人生观和信念，并以它为中心，把自己的需要、愿望、思想、目标和行动统一起来。如果不是这样，就应该考虑是否出现了心理不健康的现象。而心理异常或有心理障碍的大学生，一般不能正确地认识自己，具有自卑感和孤独感，不能从集体中吸取力量，不能用坚定的信念去鼓舞自己，也不可能有切合实际的志向，往往一遇到困难就自暴自弃，这样，要实现人生理想和成才目标是不可能的。

大学生在校学习期间，要培养各种素质和能力以适应未来社会的需要，而心理健康是提高各种素质的基石。无论是专业知识的学习，还是身体素质的提高；无论是人文素质的培养，还是行为素质的塑造，都离不开心理健康。例如，一个罹患强迫症的大学生，他每天需要花费大量时间用于对抗自己的强迫观念，并为此而痛苦万分，这对他集中精力学习专业知识带来一定的负面影响。因此，心理健康是大学生全面发展的需要，是今后"革命"的本钱。

第三节　提高大学生心理健康水平的途径

心理健康对大学生的成长是如此的重要，那么，如何才能提高大学生的心理健康水平呢？人的成长离不开社会环境、学校教育和个人的努力，因此，提高大学生的心理素质也要从这三个方面入手。

一、环境教育与社会适应的合法延缓

当前,大学生的心理健康问题已经引起有关方面的高度重视,无论是国家教育部,还是各省市教育主管部门,都一再强调要切实加强大学生心理健康教育,要努力提高大学生的心理素质。这种重视本身就是一种环境教育,它会促进社会对心理健康的理解和承认,会在社会上营造出一种潜移默化的"人人关注心理健康"的氛围。

"社会化"对个体的成长具有重要作用,同理,心理健康教育通过与社会环境相结合,也会事半功倍。一般地,环境教育应做好以下几个方面的工作:

(1) 增强环境育人意识;

(2) 重视社会舆论的导向作用;

(3) 加强心理健康知识的科普工作;

(4) 占领社区和街道的宣传阵地。

不过,环境教育本身也存在一定的负面作用,就心理健康教育而言,其负面作用表现在"社会适应的合法延缓"上。

所谓"社会适应的合法延缓",是指社会对大学生的心理不成熟和社会适应不良持以宽容的心态,并给予一定的成熟延缓期。社会适应的合法延缓的出现,归根结底是由社会造成的,其主要表现是生理成熟与心理成熟的不同步。正因如此,社会不得不给予大学生一个合法延缓期,以使大学生能尽快缩小两种成熟之间的差距。这一延缓期虽然是"合法"的,但它对大学生的成长仍会带来伤害。并且大学生如果超越了一定的期限,社会仍将无情地抛弃他们。因而,大学生要珍惜这一延缓,努力提高心理素质,弥补差距;同时,社会也要创造条件,充分利用环境育人的原理,帮助大学生早日成熟。

二、加强心理健康教育

大学生的心理健康问题不仅关系到大学生个人的生活、学习、工作和身心健康成长,也关系到中华民族素质的提高,关系到社会的发展与未来,理应引起全社会的重视。作为承担为社会培养身心健康、全面发展的专业人才的高等学校,应积极采取措施,对大学生进行心理健康方面的指导与帮助,这是优化大学生心理素质、增进大学生心理健康的重要途径。

（一）心理健康教育的内容

（1）智力发展的教育。使学生了解智力发展的规律、特点及自身智力发展的水平与特点，通过培养学生的观察力、记忆力、想象力、思维能力等，挖掘并开发学生智力潜能，培养多种能力，掌握有效的、科学的学习方法，养成良好的学习习惯，提高学习效率。

（2）非智力因素的培养。非智力因素是指动机、兴趣、情绪、意志等心理因素。培养非智力因素主要在于激发学生的成才动机，培养学习兴趣，锻炼意志品质，形成健康的情绪。重点在于使学生了解人的情绪成熟的标准及情绪变化特点，掌握调节情绪的方法，保持乐观的情绪和良好的心境。

（3）环境适应教育。使学生了解社会变化发展的特点及趋势，通过社会实践、模拟训练等方法，使学生正视现实，改变不切实际的幻想，脚踏实地提高心理承受能力，以充分的心理准备和较强的适应能力去迎接急剧变化的时代。

（4）人际关系和谐教育。使学生了解人际交往及人际关系的基本知识与技能，学习与他人交往并保持良好的人际关系，接纳他人、尊重他人、学会合作、和睦共处。处理好与同学、异性、家长、教师各方面的关系。

（5）人格健康教育。使学生了解健康人格的理论与特征，了解自己心理活动的规律和个性特点，客观分析自己，扬长避短，培养开朗、活泼、富有同情心、正义感、责任感等良好性格，克服自卑感，避免心理变态及人格异常。

（二）心理健康教育的形式

系统地开设心理健康教育课程或相关课程，定期举办讲座。通过开设必修课、选修课等方式，以课堂讲授为主，系统传授心理卫生知识。如"大学生心理健康导论""大学生心理学""心理卫生学""大学生性教育""青年心理学"等课程。专题讲座可以根据学生共有的心理问题，选择适当时机举办。如新生进校时，可以举办"大学新生的适应问题"讲座；考试期间，可以开展"考试焦虑及其应对策略"讲座；毕业生离校前，可以举行"未来社会必需的心理素质"专题报告，等等。这类讲座对象明确，针对性强，一般比较受欢迎。

通过校内传播手段普及心理健康知识。充分利用校刊、板报、广播、学生组织的交流刊物造声势、扩影响，增强大学生心理保健的意识，增长心理健康的知识。

对教职员工进行心理健康知识教育。严格地讲,教师的心理健康影响更大。一方面直接影响教师本人的工作、生活与健康;另一方面,直接影响学生。若教师人格不健全,情绪不稳定,喜怒无常,必然会影响人格尚未定型的学生。因此,教师的人格和心理健康状况甚至比他的专业知识更为重要。学校应通过讲座、讨论、宣传材料等方式,注重提高教师的心理健康水平,以便为学生成长提供良好的软环境。

(三)建立三级心理健康教育网络

大学生心理健康教育工作必须有一定的组织保证,必须形成全校师生的共识。当前,高等院校比较普遍的做法是建立三级心理健康教育网络。

(1)初级网络。由心理健康教育工作者在学生中通过各种途径普及心理卫生知识,培训一批学生骨干,充当心理保健员和学生咨询员,他们生活在学生中,宣传心理健康,及时发现同学中的问题,并介绍、推荐有问题学生去寻求专业帮助。

(2)院级网络。对院(系、部)级层次与学生关系密切的人员,如辅导员、班主任、学生工作人员等,进行专题培训,使他们初步了解大学生心理健康的状况,学会区分思想问题与心理问题,并具有解决一般心理问题的能力,使学生能够得到及时的帮助。

(3)校级网络。以学校心理健康教育机构,如心理健康教育中心和心理咨询中心等,培训专业人员,以帮助那些有比较严重的心理问题的学生,并通过心理健康调查,了解学生心理健康状况,有针对、有计划地提出切实可行的教育措施。

(四)创建文明的校园文化环境

校园环境对大学生的心理健康会产生重要的影响。优美的环境和丰富的文化活动使人心情舒畅、精神振奋、态度积极、生活充实。创建良好的校园文化环境可以为大学生健康成长提供积极的外部条件。校园文化的建设近年来已经被提到了重要的位置。

1. 建设良好的校园文化环境

校园文化环境是校园环境的"软件",集中体现在校风、学风、班风等方面。

一个学校的校风、学风是与这所学校的历史、传统、特色分不开的,它是一种无形的力量,为学生的健康成长提供了重要的精神环境和心理氛围。班风相对校风而言对学生的心理健康影响更直接、更具体。一般来讲,凡是处在积极向上、团结协作、宽松友好的班风中,就会使人感到心情舒畅,能获得力量感;相反,就会使人感到孤独、寂寞、离群、紧张、压抑,而影响学习与其他活动。因此,大学生应主动、自觉地为保持和发扬学校的优良学风和传统校风,以及和谐的班风尽自己的力量。

2. 建设优美的校园自然环境

校园的自然环境是校园环境的"硬件",包括学生学习、生活和活动的场所。如教室、实验室、图书馆、寝室、食堂、绿化等。优美整洁的环境能给人一种奋发向上、充满生机的感受,从而愉悦身心,消除疲劳,减轻紧张和焦虑;相反,杂乱无章的环境容易使人产生不快、厌恶的感觉,而使情绪消极,精神不振,影响学习和生活的乐趣,降低效率。

3. 开展丰富多彩的校园文化活动

丰富多彩的校园文化活动为学生健康发展提供了机会和条件。校园文化活动包括各种学术活动、文艺活动、体育活动、节日庆祝活动等。课余时间参加业余活动,有利于大学生多种才能的发挥,丰富精神世界,促进身心全面发展,使生活更有乐趣,情操得到陶冶,能力得到锻炼,多种需要得到满足,心理紧张得到缓解。其结果是进一步提高大学生脑力、体力活动的效率,改善适应能力,促进心理健康和发展。因此,大学生应该主动地参加丰富的校园文化活动,扩大人际交往范围,获得更多的社会支持,使自己的精神世界发展更丰富、更健康,最大限度地减少心理应激和危机感。

三、自我改造与人格重塑

对于大学生来讲,保持心理健康的一个重要途径是注意培养锻炼自己良好的人格品质。因为在整个环境中,致病因素大量存在,预防心理疾病关键是增强自身的"免疫"能力。以往的教育中常常存在重知识技能和身体素质的培养而忽视了对心理素质的培养,使许多学生的人格缺陷未能及时发现及改善,成了形成心理障碍的内在因素。对于进入青年期的大学生来说,发挥自己的主观能动性,自觉主动地优化自己的人格品质不仅必要而且可能。

（一）树立正确的人生观与世界观

人之所以为万物之灵，是因为人所独有的极其复杂、丰富的主观内心世界，而它的核心就是一个人的人生观和价值观。如果有了正确的人生观和价值观，就能对社会、对人生持正确的认识，并采取适当的态度和行为反应，就能使人站得高，看得远，并正确地体察和分析客观事物，做到冷静而稳妥地处理事情，同时胸怀开阔，保持乐观主义的态度，提高对心理冲突和挫折的耐受能力，有利于保持心理健康。大学阶段是一个人的人生观、价值观的定型阶段，大学生应该自觉学习，努力提高，确立科学的人生观和价值观。

（二）正确认识自我、培养悦纳自我的态度

人格的核心是自我意识。心理学研究表明，凡是对自己的认识和评价与本人实际情况越接近的人，其自我防御行为就越少，社会适应能力就越强。相反，自卑感过重的人或自我过于夸大的人，常会感到紧张焦虑而导致心理问题产生。因此，大学生应该深入了解自己，正确评价自己，要充满自信，不苛求自己，不追求十全十美的形象，不为自己存在的缺点不足而沮丧，不以己之长来比人之短，也不以己之短来比人之长，要扬长避短。制定目标要尽可能符合自己的实际情况，通过努力可以实现。如果目标过高难以实现，则会倍感压力；目标过低轻易取胜，易滋长自负心理。因此，客观地自我评价、悦纳自我的态度对于促进心理健康至关重要。

（三）提高对挫折的承受能力

人生逆境，十有八九。无论是谁在人生的道路上都会遇到大大小小的挫折。就像巴尔扎克所说的，挫折就像一块石头，对于害怕它的人是一块绊脚石，对于健康的人是一块垫脚石，让人看得更高更远，不为眼前的困难所吓倒。大学生活中学习上的困难、与同学间的摩擦、爱情上的失意等都可能带来挫折感。有了对挫折的心理准备，就可能在挫折面前应付自如，保持心理平衡。挫折承受能力的高低与一个人的思想境界、对挫折的主观判断、过去的挫折体验、有无支持系统等因素有关。培养挫折承受能力就应该努力提高自己的思想境界，凡事从大局出发，建立和谐的人际关系，保持良好的社会支持系统。

（四）自觉地调控情绪

情绪对人的心理健康影响很大。情绪可分为积极的情绪与消极的情绪。要保持积极的、健康的情绪，必须学会疏导消极情绪。情绪调节的方法有多种：合理宣泄、转移、升华等。大学生应该做情绪的主人，根据不同的情境，采取不同的调节方法疏导、宣泄、克服消极情绪，使消极的情绪对身心的伤害降低到最小程度。

（五）培养健康的生活方式

生活方式对心理健康的影响已经越来越为人们所关注。一头扎在学习中，置其他于不顾，或者生活没有规律，随心所欲都不是健康的生活方式。为了完成艰巨的学习任务，为了将来健康地为祖国贡献几十年，大学生应该自觉地养成良好的生活习惯，劳逸结合，科学用脑，坚持体育锻炼，少饮酒，不吸烟。

四、认识并走近心理咨询

在维护和促进心理健康中，大学生除了重视自我的调节，重视朋友的帮助、家长的支持、老师的指导外，还应该有寻求专业机构帮助的意识。特别是当心理压力较大、内心冲突激烈、自我调节难以奏效时，更应主动、及时地寻求支持和指导。心理咨询是保持和维护心理健康的重要途径。

（一）心理咨询的概念

"咨询"一词，英文是"counseling"，本意为商量、讨论或征求意见。由于在很多职业活动中都涉及咨询，所以咨询是一个含义非常广泛的概念。例如法律咨询、科技咨询、教育咨询和心理咨询等，这些概念虽然在内涵和外延上不尽相同，但它们都是一种帮助来访者了解和解决问题的服务性职业活动。因此，咨询的实质是一种职业性的帮助，即由受过专门训练的人员向来访者提供帮助。目前这一职业已在社会生活的各个领域得到发展。

心理咨询是一种专业性很强的工作。心理咨询是运用心理学的知识、理论和技术，通过被咨询者与来访者的交谈、协商、指导过程，帮助来访者达到自助的目的。心理咨询提供了一种与日常生活的其他关系不同的一种特殊关系，在这种关系中，咨询员的技巧及其所创造的气氛使来访者逐步学会以更加积极的方法对待自己和他人。正因为心理咨询是一项专业性的工作，咨询过程中有很多

大学生心理健康教育(第二版)

方法和技术性问题，这就使得心理咨询与一般的开导、劝慰、帮助有明显的区别。

（二）心理咨询的作用

心理咨询可以使人们从不同的角度去看待自己和社会，用新的方式去体验和表达他们的思想情感，并产生出全新的思维方式。对于那些心理行为属于正常范围的人，咨询所提供的新经验可以使他们排除成长道路上的障碍，更好地发挥个人的才干；对于那些有心理障碍的人，咨询可以帮助他们改变不适应社会的思维和行为方式，学会新的适应环境的方式。具体地说：

（1）心理咨询可以帮助人们认识到自身的问题很大一部分是由于尚未解决的内部冲突，而不是外界的影响造成的，只有改变了自己的内部冲突，才能解决问题，并获得成长。

（2）心理咨询为人们更加有效地面对现实提供了机会，使他们更全面、更客观地认识自己和现实，采取积极的方式去面对现实。

（3）心理咨询可以深化来访者对自身的认识，引导他们去发现真实的自我，从而根据自己的心理状况设计自己的行为，获得实实在在的成长。

（4）心理咨询可以纠正来访者的某些错误观念，以更正确的观念取而代之，从而获得适应社会的行为。

（5）心理咨询可以为来访者提供一种新的学习经验和机会。通过与咨询员的交流，体验新感觉，学习新经验，纠正不适应的行为。

（6）心理咨询可以为来访者提供一种建立新型人际关系的机会，彼此信任，充满安全感，平等参与，可降低来访者的心理防御反应。

（三）心理咨询的基本要求

心理咨询的基本要求是为来访者保守秘密。因为心理咨询过程中不可避免地要涉及来访者的个人隐私问题，保守秘密不仅是获得来访者信任，使咨询过程顺利进行的保证，也是对心理咨询工作者的伦理要求。

心理咨询的保密原则是使得心理咨询得到迅速发展的原因之一。在心理咨询过程中，咨询员的言行必须以来访者的利益为重。大学生中多数人心理是健康的，只是在主动适应环境和寻求更多发展时会出现一些不适应的状态。心理咨询可以帮助大学生实现有效的调节，扬长避短，提高心理素质。因此，主动寻求心理咨询员的专业性帮助，将有助于大学生健康的成长。

第二章

慢慢长大：大学生适应力与健康

【情景导入】

大学一直以来都是一个令小红神往的地方,她曾经无数次梦想过大学里的美好;梦想着通过上大学出人头地,改变家里人的生活。从小小红就非常懂事,学习成绩很优异,从小学到高中一直都担任班干部,老师也非常喜欢她。而相比之下,弟弟就要淘气得多,成绩很差,也不懂得体谅家里的难处,经常伸手向家里要零花钱,目前在一个很差的初中混日子。父母都觉得小红是家里的希望,将来是一定能上大学、挣大钱的。那个时候虽然生活也很拮据,自己住校时一个星期甚至只用 5 块钱的伙食费,学费也常常无法按时上交。但是因为成绩好,老师喜欢,同学对她也都很友好很尊敬。况且,那时候寝室同学都比较简朴,学习之外的生活就是帮家里干活。可是现在,同学谈论的话题都是网络、明星、流行歌曲还有游戏,她根本插不上嘴,一点概念都没有。自从军训结束,宿舍其他同学的活动就非常丰富,聚餐、唱歌……这些活动小红不想去,也不敢去。按照来这个大学之前的想法,小红是想一边刻苦学习拿奖学金,一边找份兼职解决自己的生活费。可是现在人生地不熟,兼职不知道上哪去找。更糟糕的是,学习也是力不从心,特别是微积分连上课内容也听不懂。有一天,老师做了个随堂测验,她居然是不及格。眼前的大学生活刚刚开始,小红已经不知道该怎么继续下去,又怕学习落后又学不进去,心里觉得特别愧对妈妈,高考没考上本科已经很失败了,现在又拿着这东拼西凑交上的昂贵学费在浪费时间。

面临从中学到大学的转变,许多大学生都经历了从不适应到适应的过程。适应是心理健康的一项最基本的标志,是大学生必备的心理素质。一个人从中学升入大学,从大学步入社会,表面上是从一种生活环境进入另一种生活环境,实质上是一种适应的过程。认识就是一个不断使自己适应环境的过程,良好的适应过程就是一个适应—转变—发展的过程。作为一名大学生,你今天能够很好地适应大学生活,明天就能很好地适应不断发展的社会!

适应,是一个人通过不断调整自身使其个人需要能够在环境中得到满足的过程,适应也是自我与环境和谐统一的一种良好的生存状态。人的一生就是一个不断适应的过程。对大学生而言,只有适应大学生活的各个阶段,才能采取切实的行动改变自己,才能最终使自己发展并成熟。然而,在大学生活的各个阶段,每个大学生都会面临各种各样的适应问题。

第一节 适应概述

大学阶段是青年学生个人成长的关键时期,也是人生重大的转折点。大学新生大多初离父母,从熟悉的环境进入陌生的环境,胜利的终点变成了新的起点,开始独立面对大学校园的全新生活,必然会出现由于不适应或适应困难而带来的种种问题和障碍。大学生的心理矛盾和冲突在这一特殊阶段如处理不当就可能引发各种心理方面的问题,甚至导致心理障碍。因此,及时给予新生积极的心理指导,帮助他们正确地认识自我、完善自我,予以心理调适,优化心理素质,提高心理健康水平,促进全面发展,已成为十分紧迫的任务。

一、适应的定义

(一)适应

所谓适应,是指有机体想要满足自己的需求,而与环境发生协调作用的过程,它是一种动态的、交互的、有弹性的历程,不仅是单向的,而且是双向的或多向的历程。当个人需求与环境发生作用时,若不能如愿以偿,通常会造成两种情况:一是形成悲观、消极心理;二是从失败中学习到适应方法。积极的适应就是发展,消极的适应有时则会导致心理冲突或停滞不前。成功的适应才能实现心理健康,养成健全的人格,失败的适应则会造成心理不健康和不良的人格。学会适应是每个人获得健康生活与人生发展的前提与基础。

从心理学的角度来分析,适应是指个体在与环境的相互作用中构筑良好心理的过程,也指个人同环境之间的一种和谐、协调、相宜、相适的状态,这是一种相对平衡的状态。心理学家艾夫考认为,适应是个人与环境的互动关系,个体在与环境相互作用的过程中,通过不断调整自我身心状态,使身心与现实环境保持和谐一致,从而达到认识环境、改善环境、发展自我的目的。

（二）适应是心理健康的标志之一

1. 适应在很大程度上代表着一个人心理健康的程度

适应是在现实生活环境中维持一种良好的、有效的生存状态和发展状态的过程，是心理健康的基本标准之一。现代社会的飞速发展对每个人的生活适应提出了更高的要求，学会适应是每个人获得健康生活与人生发展的前提和基础。

心理学家艾夫考认为，适应是个体与环境的相互关系，个体在与环境的相互作用过程中，通过不断调整自我身心状态，使身心与现实环境保持一致，从而达到认识环境、改造环境，发展自我的目的。

2. 适应的根本问题就是心理适应

心理适应首先要对环境及自身进行客观分析。有些人无论身处什么环境都感觉不舒服，并一味地抱怨命运、抱怨环境、抱怨自身生不逢时等，从而产生消极的生活态度，逐渐形成不健康的人格；有些人身处逆境，仍然能与命运抗争，最后实现自我。

二、适应的心理过程

（一）需要

需要，是人对客观事物的需求在头脑中的反映，是客观要求作用于主体，是人能体验到的一种心理状态。需要是人类对维持和发展个体生命及种族延续所必需的条件以及相应的社会生活的反应，也是有机体内部及周围环境的某种不平衡状况的反应。人的一切活动都是为了满足需要，需要是推动人们从事某种活动的原动力。

人的需要可粗略分为物质需要和精神需要。前者是人类生存的基础，是保持和发展人的生命所必需的，包括维持生存的基本需要，如衣食住行等，也包括人们创造的高级物质的需要；后者是人们观念的对象的需要，如知识、艺术、社交等。需要还可分为自然性需要与社会性需要、生存性需要与发展性需要。一般来说，物质性、自然性或生存性需要得不到满足，人就难以生存；而精神性、社会性或发展性需要得不到满足，虽不会直接危及生存，但会对人的身心健康和发展带来重大影响。

根据美国人本主义心理学家马斯洛的观点，人类的主要需要分为五个层次(见图2-1),由低到高排列,最底层为生理需要,依次向上分别是安全需要、归属与爱的需要、尊重的需要和自我实现的需要。马斯洛认为,人总是优先满足低层次的需要,在较低一级的需要得到满足以后,才能产生高一级的需要。为了生存,大学生同样需要吃饭充饥、穿衣御寒,为了发展,需要学习求知、人际交往等。

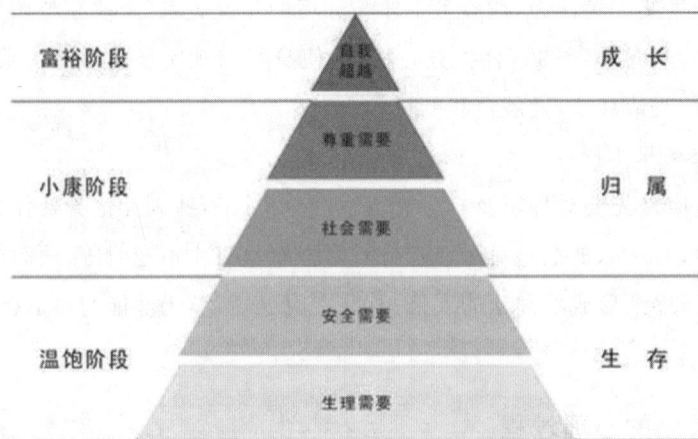

图2-1　马斯洛的需要层次

我国学者黄希庭等对大学生的基本需要进行调查后,归类为生理需要、安全需要、交往需要、尊重需要、发展需要和贡献需要。这与马斯洛的排序基本相似。

（二）动机

人有了需要,就会形成动机。动机是在需要刺激下促使人们去行动的内在动力,是推动和维持人的活动的动因。一个人的动机总是和他满足自己的需要紧密相关的。有了某种需要,并且这种需要和外部刺激(即诱因)相结合时,动机就产生了。动机激发一个人开始进行某种活动,它使行动排除其他干扰,朝着特定的方向、预定的目标进行。动机可维持一个人的行为,直接达到某个目标,而达到某个目标的喜悦反过来又强化该动机,反之可能会弱化该动机。当需要强烈到一定程度,在一定条件下将转化为动机,进而推动行为,获得满足。

人的动机是多种多样的。根据动机的引发原因,可分为内在动机与外在动机。内在动机指由内在因素引发的活动动机,如大学生为掌握知识而努力学习;

外在动机指由外在因素引起的活动动机,如大学生为争取奖学金而努力学习。动机还可以分为合理动机和不合理动机、长远的间接动机和短暂的直接动机、主导性动机和辅助性动机、生物性动机和社会性动机。就动机对行动的功能而言,主要表现在三个方面,即始动功能——引发个体活动;强化功能——维持这种活动;导向功能——使活动朝向一个目标。

对于大学生来说,应确立以学习为主导、以自我不断发展来服务国家和人民,同时适当满足个人需要为目的的动机,在奉献社会、建设祖国中不断完善自己,实现自我价值。

（三）压力

人们在满足需要的过程中,常常出现阻碍,即个体如果不能利用现有的习惯机制来满足它产生的需要的种种情况。面对各种阻碍,人们便会产生压力感及不同程度的心理冲突,表现为紧张、焦虑等负面情绪。压力是个人在面对威胁性刺激的情境中,一时无法消除威胁、脱离困境时一种被压迫的感受,若这种感受经常因生活事件而持续存在,即可演变成个人的生活压力。

在现实生活中,生活的压力主要源于三个层面:一是生活改变,包括个人日常生活秩序发生的重大改变;二是生活琐事,包括家庭经济、工作职业、身心健康、生活环境、时间分配、生活保障等方面的问题;三是心理因素,属于个人内在的心理困难,也是形成生活压力的重要原因,而挫折和冲突是其中最重要的两项。

大学生在适应中的三大压力主要表现如下:

（1）学习压力。学生以学为主,大学的学习对学生形成强大的精神压力,担心考试不及格往往造成学生紧张不安、焦虑和恐惧。

（2）经济压力。由于经济尚未独立,大部分学生靠父母及亲友的资助来维持学习期间不菲的各种费用。大学生中约有 10%～15% 的特困生和相当数量的贫困生,这些学生因贫困而自卑,因缺乏经济保障而忧虑。

（3）就业压力。大学生就业难的问题给在校大学生带来了日益深重的危机感。

（四）反应

在心理学中,由外界刺激引起的生理、心理和行为反应称为应激反应,它是一种适应性反应,通过应激反应,使社会成员在新的条件下达到心理上的平衡和行为上的适应。

1. 生理反应

面对生活中不同的压力,在遇到突如其来的威胁性情境以及各种各样的紧张刺激,个体会集中出现一系列的生理变化:如压力影响儿茶酚胺类激素(肾上腺素和去甲肾上腺素)的释放,出现心率加速、呼吸加快、血压升高、血糖升高等生理上的变化。上述的应激反应是个体在短时压力下产生的生理反应。如果压力情境持续存在,有机体在给定的时间内会以相同的生理模式做出反应,包括警觉反应阶段、抗拒阶段、衰竭阶段。个体一旦进入衰竭阶段,将出现适应能力丧失,筋疲力尽,最终陷入崩溃状态。

2. 心理反应

生活压力引起的应激状态下的心理反应有两种:一是适度反应,如警觉、注意力集中、情绪的适度唤起、思维敏捷等。这些反应将有利于机体对传入信息的确认和评价,并能迅速做出决策,提高机体对环境刺激的适应能力,更好地适应环境的变化;二是过度的心理反应,如烦躁、抑郁、愤怒、憎恨、焦虑、恐惧等,这种情绪会妨碍人的准确思考和判断,使人出现认知能力下降、自我意识不清、语言不完整等反应,是一种严重的不适应状态。

3. 行为反应

行为反应有直接和间接之分。直接的行为反应指直接改变所面临的环境刺激,以消除引起问题的刺激,如在突发的紧急情况(如遇歹徒、野兽等)下出现的斗争和逃避反应;间接的反应不是直接解决引起问题的刺激,而是产生变相依赖、反常动作增加和替代性攻击三种行为倾向。

变相依赖,是个体在应激状态下通过吸烟、饮酒或饮食等行为来面对环境,从而在心理上获得一种暂时性的满足感。

反常动作增加是一些人在应激状态下,经常表现出来的动作,如步履加快、讲话急促,无论做什么事都有一种迫不及待的倾向,有时还会表现出颠三倒四或丢三落四的行为。

替代性攻击,指个体为了减轻应激威胁,而选择某种替代目标进行发泄、攻击的行为倾向。从心理学的观点看,只要反应能适当减轻一个个体的紧张或焦虑的程度,就可以算是一个适应问题解决了。适应的目的是要消除紧张,使身心恢复到以前的良好状态。

第二节　大学生易出现的适应问题

对于大学生来说,从高中步入大学以及从大学踏入社会,是人生的两个重大转折,无论是学习环境、生活环境、人际环境还是心理环境都发生了很大的变化,相应地,适应问题已经成为摆在大学生面前的重要话题。

大学生适应不良表现是形形色色的。比较常见的有:低年级新生进校时的生活环境适应不良;中年级期间的学习适应不良、情感适应不良和交往适应不良;高年级的毕业与就业压力造成的适应不良等。这些可以归纳为大学新生的心理适应、大学生的发展与适应、走向社会的心理准备与适应问题。

一、低年级大学生的心理适应

低年级学生一般指刚入学的大学新生。通过调查,相当比例的大学新生认为,最烦恼的问题有:对环境不适应,感到孤独和寂寞;学习上不适应,心理压力大;人际关系不适应,感到同学之间、师生之间没有在中学时那么融洽。大学新生的心理适应问题主要可以归结为以下几个方面:

（一）环境适应性问题

入学前,许多学生为了应付考试,全身心地投入到学习之中,父母也为此给予无微不至的关怀,特别是作为独生子女的当代大学生,从小就一直受到父母的宠爱,对家庭有较强的依赖性,缺乏必要的生活经验与处理问题的能力,自理能力较差。面对生疏的人群和陌生的环境,他们不知如何去应对,从而产生孤独、焦虑、不安和沮丧等心理问题。

（二）学习的适应问题

大学教育强调自主学习,注重学生独立思考与创新能力的培养。中学时填鸭式学习方式到大学自主学习方式的转换,由于缺乏必要的过渡,一些大学新生不能很快适应变化,也不知道该怎么学,久而久之就会带来一定程度的心理压力,表现出厌学、紧张、自卑等消极的心理状态。

（三）自我认知的矛盾问题

多数大学生在学生时代是学生中的佼佼者,他们通常受到老师的关爱,同学敬重,自我感觉良好。进入大学之后,面对四面八方汇集而来的优秀学子,发现周围同学在学习及能力方面都比自己强,明显觉察到自己的不足,以前所有的那种优越感荡然无存。面对理想与现实的冲突,有些同学开始怀疑自己的能力,并产生某种程度的失落感与自卑情绪。当在学习和生活中遇到一些小的挫折时,他们往往不能正视现实矛盾,采取逃避或对抗等消极态度,如悲观、失望、怨天尤人、嫉妒等。

（四）人际交往的困惑

远离父母的孤独、陌生的环境使大一新生对"人际交往"产生了前所未有的渴求;来自五湖四海的同学、朝夕相处的寝室室友、不同年级的老乡、不同院系学生组织的校内社团组织,使大学新生的人际交往环境一下子变得复杂多样;分数已不再是唯一的追求目标,学生们思考的内容更为丰富,对人际交往中的细节也更为在意。这几个因素交错叠加,使人际交往引发的心理不适在大一新生中表现得尤为明显。

（五）期望与现实不相符的困惑

每个人都有自己的梦想和追求,特别是对青年大学生来讲,大学是实现理想的至关重要的一环。然而在高考选择专业时,由于家庭、社会、就业等各种因素的影响,有些大学生所选择学习的专业与他们的兴趣、性格和能力优势并不相符,经过一段时间的学习后,依然无法建立兴趣,无法适应学习。有的大学生只是被动地应付考试,表现出厌学、空虚、无聊、烦躁等消极心理状态,缺乏学习动力;有的则对未来丧失信心,表现为怠学、焦虑、不安、逃避学习,甚至破罐破摔,放任自流,沉溺于网络游戏之中。

二、大学中年级学生的心理适应问题

大学中年级学生一般指二、三年级的大学生。此时的大学生经历了入学之后的种种不适应和困惑,经过调整,心态有了较大变化。入学时的种种不适应已基本消除,各方面的关系已趋于稳定,新的生活、学习秩序开始良好适应,新的心理平衡正在建立之中,但在这看似平静的阶段,大学生依然会遇到一些新问题、出现一些情况。

（一）学习、生活的再适应问题

随着知识的增长和眼界的开阔,大学生与社会现实不断贴近,于是他们发现原有理想中不切实际的幻想成分太多,人生理想与奋斗目标需要调整和重新确立,有的需要在发展方向上重新定位;有的需要在时间安排上科学计划;有的则需要在学习内容的选择上进行科学把握;有的需要提高自身的判断力、鉴别力和抵抗诱惑的能力。

（二）性和情感的心理适应问题

在大学这一年龄阶段,性的欲望已经明显地有所表现,恋爱已经成为普遍的现象,而许多中年级大学生在情感方面都感到一些说不清、道不明的心理困惑。有的会错误地认为恋爱就是性,性就是恋爱,甚至把握不住自己,酿成恶果,给身心带来损害;有的会为自己还没有恋人而自卑,认为自己对异性没有吸引力,认为别人瞧不起自己,不敢坦然与异性交往,更怕在异性面前失误,只好用回避与异性接触的办法保护自己的自尊心,并极力掩盖内心深处的痛苦与失落;有的会因为追求未果而陷入极端、失去理智甚至造成悲剧。

三、大学高年级学生的心理适应问题

所谓高年级是指临近毕业的大学生。大学生活虽然辉煌却十分短暂,似乎刚刚适应就面临毕业。对于即将毕业的大学生来说,大多会面临适应社会不良的问题,这将阻碍他们顺利就业及就业后的发展,也会影响国家对人才的培养和使用。

大学毕业生面临着就业这一人生道路上的重大抉择问题,他们在几年大学生涯里无不考虑自己未来的职业和前途,在求职择业过程中必然会遇到各种心理压力与冲突,会出现消极的情绪反应和心理失衡,产生求职适应障碍,这是对社会环境适应的不良反应。有部分大学生毕业后因不能顺利地完成从大学生到社会人的角色转换,以致不能很快地适应社会生活。大学毕业生的适应主要表现在以下方面:

（一）知识结构与社会需求不符

一方面,进入大学以后,在学习压力大大减轻的情况下,大学生们普遍注重完成学校安排的必修任务,注重知识的增长和学历的提高,而忽视个人能力的提高,或多或少出现社会交往能力欠佳、应变能力不足、知识过于陈旧、动手能力缺乏等问题。另一方面,随着社会的发展、科技的进步,要求劳动者不仅成为智能型、复合型的劳动者,而且要成为社会型和创造型的劳动者,知识结构和社会需求不符的矛盾日益突出。其中,一个突出的表现就是,学生面临择业难的问题,往往处于高不成、低不就的尴尬境地。

（二）实践操作能力与社会需求不符

现在的大学生从小缺乏实践锻炼的机会,在成长过程中又长期受着"只要成绩好,一俊遮百丑"观念的影响,认为只要考试成绩好了就可以高高在上,就可以拥有一切。对于从小就有着优秀成绩的大学生来说,是从一路赞美声中走过来的,他们总以为自己是能人干将,眼高手低,甚至除了学习不知道自己想干什么,能干什么;总以为自己志向远大,往往瞧不起没有名气的部门和单位;总以为自己不至于屈身于此。很多大学生都想找一家比较"牛气"的单位,工资少了不会去,福利差了不愿去,甚至单位所在城市规模小了、位置偏僻了也不考虑去。在高眼光的背后,一些大学生其实并不具备高能力,突出表现在毕业生错误地估计自己,给自己的目标定位过高,不愿意从底层做起。

（三）就业意识、就业方式与发展趋势的不适应

面对当今严峻的就业形势,许多学生在多次碰壁、大失所望之后,干脆采取推迟就业或不就业的态度,以父母不能为其安排为由,顺理成章地成为"啃老族"。在许多人感慨就业难的情况下,"推迟就业"一族也在悄然增多,他们并非找不到工作,而是自己主动放弃一些机会。除了出国、考研之外,自主择业、个人创业也是推迟就业族为自己规划的主要出路。还有的大学生,心理承受力日益增强,对自己的专业水平很有信心,对自己的未来有全面的考虑,因而不急于寻求就业。近年来有少部分女生准备毕业后结婚,婚后成为全职太太,成为"不就业"中比较新潮的新兴群体。还有部分毕业生潜意识里不愿面对职场上严格的制度和复杂的人际关系,要么持续待在相对单纯的校园环境里,要么选择相对传统的就业体制。这种逃避的态度也反映出当代大学毕业生社会适应能力方面存

在的问题。

（四）不良心理反应

对于求职择业阶段的大学毕业生来说,过度焦虑是一种比较突出的适应性障碍。引起焦虑的主要问题有:不能找到一个理想的单位怎么办? 到单位后不能胜任工作怎么办? 不能和恋人在一个城市怎么办? 等等。过度焦虑往往使大学毕业生们精神紧张、心神不宁、无所适从、心慌失眠、不思饮食,进而演变成心理障碍。

此外,在职业尚未最终确定之前,大学毕业生还可能出现急躁情绪,有的匆匆签约,事后又追悔莫及;有的盲目攀比,择业没有明确目标。很显然,这些都是我们所说的适应不良的表现。作为大学生,完成学业只是人生成长道路上的一小步,适应社会才是关键的最重要的人生环节。大学毕业生应准确地把握自己,尽快适应从校园到社会的重大转变,开始新的征程。

第三节　提高大学生适应力的途径与方法

为了使新生能尽快适应大学环境,缩短角色转变所需要的适应期,掌握大学生活的主动权,形成积极的心态,为整个大学阶段的成长奠定良好的基础,针对大学新生在适应中出现的问题,在此提出以下心理调适对策。

一、认知调节:尊重客观,面对现实

认知调节是适应环境的起始阶段,包括外部认知调节和内部认知调节两部分。

外部认知调节指主体对变化了的外部环境及其对自身发展所具有的影响作用进行全面了解并做出新的判断的过程。环境及其变化是客观存在的,主观上熟视无睹不但逃避不了现实,反而成了环境的奴隶。如新生进入大学以后,其所处外部环境的变化是多方面的,包括自然环境、人际环境、社会环境、社会角色环境、心理环境等都发生了很大变化。这些都是客观现实,是不可避免的。要区别

对待哪些变化是对自身发展影响作用比较大，哪些相对比较小，并及时调整自己的心态。

内部认知调节指主体在对外部变化做出正确判断的基础上，对自身内部状态进一步了解和判断，实际上是一种在自我监控系统的参与下，自我评价和自我意向调整的过程。

正确认识自我，调整角色。认识自我，正确评价自己和别人，合理的自我定位，完整的自我意识是调整角色、取得自我心理平衡、适应社会环境、搞好人际关系的前提。因为自我评价过高，容易引起别人的反感；自我评价过低，会产生自卑心理，导致离群孤独，失去自信。当认识自我、调整角色有困难时，可以向班主任、辅导员、心理咨询老师求助，也可以听听老乡、同学的意见，但主要靠自己独立思考，进行自我心理调整。

二、态度转变：主动适应，积极行动

认知调节的结果必然引起主体情绪体验的变化，同时也会导致行为意向的变化。在认知、情绪和行为意向中，正确的认知是基础，情绪是动力，行为是意向的外表现。积极乐观的人生态度和愉快的情绪体验必然会引起态度的转变；态度的转变实际上是动力系统和反应倾向的调整，"态度决定一切"。态度的转变是在正确的认知基础上，合理的情绪推动下做出的积极的行为意向，这种合理的调整是适应新环境的变化，保持和恢复心理平衡的一种背景条件。主体的价值观念、目标期望水平、情绪情感体验的深刻性，对态度的转变具有重要的作用。因此，面对大学新环境、新生活，调整目标，加强道德修养，科学的人生观和价值观对适应新环境尤为重要。大学生难免遇到这样或那样的挫折和困惑。然而，在我们的生活中，在大学校园里，还有很多快乐和幸福的事情，而且还必须看到，挫折和困难总是暂时的，乌云总会过去，阳光灿烂的日子总比乌云密布的时间多。总之，只要我们积极面对，主动适应，积极行动，就可以摆脱环境不适应引起的困惑、郁闷、孤独、恐惧和烦恼。积极参加各种社会活动，在积极行动中得到愉快的情绪体验，去体验成功的欢乐，在行动中体验我们的人生价值和意义；积极的行动将使心理更健康，人生更快乐；在积极的行动中去适应环境，提高适应环境的能力。

三、确立目标:学会学习,自强自立

大学生的发展目标决定了发展任务。这个发展任务是多方面的、多层次的,发展目标可涉及各个层面。目标的确立指导着行为的选择,而行为选择实际上是一个比较与决策的过程,其核心是行为方式的调整和改变。在行为选择的过程中,远大目标的引导,坚毅顽强的意志品质和性格,高度的自尊与自信,是影响行为选择的重要因素。目标的确立要根据社会环境和自我的条件,既要实事求是、脚踏实地,又要有远大理想,志存高远;既要有长期的发展目标,又要有近期的行动目标。目标的高度要适度,过高或过低都不利于我们的发展。不但在完成学习任务中要勤奋刻苦,自强自立,在生活中更要自强自立;要学会生活,学会独立处理生活中出现的问题,学会面对各种困难和挫折,学会快乐地生活和学习。

四、加强修养:主动交往,完善个性

学会与人交往,以积极的态度去适应人际环境,使自己融入集体中。有了良好的人际关系,才会有安全感、归属感和幸福感,心情才能愉快充实。在主动交往、协调人际关系中,不断加强修养,完善个性。

(1)完善自己的个性。不断加强个性修养,提高心理素质和人际适应能力是个体发展的重要内容。个性修养包括思想道德修养、心理素质修养、行为修养。特别是个性倾向方面的修养在个性自我修养中尤为重要。一个有良好个性修养的人是别人喜欢的人,是会获得别人尊重的人。

(2)学习人际交往理论与技巧。要学习人际关系的心理行为理论。人际交往既要讲原则,也要注意交往方法和技巧。人际关系的基本原则有诚实守信原则、平等尊重原则、互利互助原则、理解宽容原则、中庸适度原则等。在人际交往中要学会交谈、学会倾听、学会提问、学会知己知彼、学会赞美他人、学会展现自己的技巧;注意交往的空间距离、时间频度;注意非语言沟通的技巧和方法。

五、学会调节:合理宣泄,积极咨询

人在适应社会环境中,难免有不适应或暂时不适应的时候,有压抑、孤独、痛

苦、迷茫、紧张、焦虑等适应不良心理状态。我们必须学会调节,在调节中学会适应,提高适应能力。调节方法主要有:

(1) 合理宣泄。可以向亲人、朋友、同学及你认为可信的人倾诉心中的苦恼;也可以参加体育文娱活动、户外活动来宣泄自己的不良情绪。

(2) 转移和升华。把消极的情绪转移到积极方面,从不适应的失败、挫折中吸取教训,把时间和精力升华到学习、工作和有社会意义的活动中去,既转移了痛苦的感受,也有可能得到成就感的体验。

(3) 积极暗示。主要通过自我内部语言或文字的形式来激励自己,调节自己的情绪,增加自信心。

(4) 学会遗忘。克服恋旧心理,要面对现实,积极参与到现实的群体中去;学会忘掉不愉快的事件。例如,失恋者会掉入情绪的万丈深渊,失恋、失落、痛苦、羞愧、悔恨、绝望。爱之越深,恨之越切,如果不及时得到妥善处理,排解释放心里的痛苦,会导致心理失衡,严重的会失德、失态,甚至做出违法缺德的行为。感情挫折调适应该做到冷静、理智地分析失恋的原因,勇敢正视现实,适度宣泄痛苦情绪,升华自己的情感追求;设身处地的换位思考,为对方着想;把失恋当作人生的一次磨练。

(5) 充分利用各种资源。多与人交往和沟通,争取更多的信息;多向师长请教,向别人学习。在自我调整不奏效时,可以到学校心理咨询机构咨询,请心理咨询专业人员帮助进行心理疏导,从中学习到一些调节心理适应的知识和办法。

六、全面发展:增强素质,提高适应能力

要树立人的全面发展的观点。在大学里,要自觉接受全面的素质教育,主动提高和发展思想政治素质、优良的道德素质、精博适度的科学文化素质、健康的心理素质、辩证唯物的创造性思维素质和健壮的身体素质等。要主动参加学校的社团组织和其他集体活动,要积极参加户外锻炼,以培养和锻炼自己的体魄和意志。

相信只要勇敢地面对环境,面对家庭、学校、社会,面对学习、工作和人生,及时自我调整与主动适应社会环境,一定能提高适应能力,促进全面发展,把自己培养锻炼成为心理健康的优秀人才。

第三章

成为你自己:大学生自我发展

【情景导入】

从小到大,小军都是一个让老师喜欢、让同学羡慕的好学生。

高考时,小军如愿考入自己心仪的学校。进入大学后,小军发现自己不再是以往那个只知道遵从父母、师长的意愿,单靠老师和同学们的赞赏就可得到满足的小孩子了。当一个人独处时,小军经常有这样的疑问出现在自己的头脑中:我这样学习、这样生活到底是为了什么? 我做这些到底有什么用? 小军无法给自己一个合理的解释,便常常陷入迷惘之中,干什么都提不起精神来,甚至有时候会觉得活着也没什么意思。以往在宿舍他总是有说有笑,现在却变得不太爱说话,自己一个人躺在床上发呆,舍友们也不知道他在想什么。用小军自己的话来形容那段时光:"那是一段有着强烈绝望感的时间,我不知道自己为何生存,只是为了满足他人的愿望? 遵从他人的意愿去学习? 如此机械的人生,让我自己不知道该何去何从,只有迷惘后的疲倦。"

后来,他给学校心理咨询中心的老师写了一封 email,信的内容如下:

我还是我吗? 我又是谁呢? 我迷失在哪里?

不知道哪天，总感觉自己好像变了许多。也不知道什么原因，我为什么会是现在的我：没有方向，没有目标，没有前途，不知路在何方，甚至不知道明天该干什么。我难道真的变成了课本中形容过的行尸走肉的人吗？

一大把年纪了，也没有自己能拿出手的一点东西，这种挫败感和无助感像要吞噬掉我一样。都说性格决定命运，想到这里，看到现在的我，我觉得我的人生就是灰色的！！！总感觉到我有很多东西想要发泄，有很多想法想要去实现，太多！太多！

以前的我，不是这样的。小时候的我在哥哥姐姐的关照下，在爸爸、妈妈、奶奶的庇护下，过得无忧无虑，想玩就玩！小学的成绩、生活各个方面都很好，真的可以用"滋润"两个字来形容，我非常地感谢我的家人给我的一切！

初中时，学习成绩虽然有点下降，但是总体还是不错的。老师也喜欢我，同学和我的关系也相处得不错。还交了几个哥们，那时的我也是开心的。

高中时，越来越大，慢慢开始自己独立生活、学习，也就是在那个时段，我开始有自己的一点点小爱好了，去打打篮球、上上网、喝喝酒什么的。现在还是有不少我以前的球友，回家就一起打球。这么多年下来，这些人也像哥们一样的相处了。都说这个时候玩得好的朋友都是真诚的，没有什么利益关系的兄弟！

大学时期，目前经历了两年的大学生生活，不长也不短，这时期的点点滴滴都还历历在目。有的同学说我们不是上大学，而是被大学上。可我也不尽然，我感觉也学到了一点东西，专业、社团，还有我也恋爱了。看似在大学里能做的事情我在这里并没有缺失什么，但是为什么我会感到"迷失"？！我迷失了自己？我不知道……

迷失，一个曾经从未想用的也从来不用的词，现在用在我的身上却觉得再合适不过了。可能我又要因此而再添感伤。我已经被这许多的感伤压得喘不过气来了，那么我将连沿着伤口残喘的机会都没有了。

胡言乱语，我迷失了吗？我还是我吗？既然不知道自己迷失了，也不知道自己在哪里迷失了，那我就是我啊。就算没有迷失，但我必须找到自己的方向，找回自己的人生，实现自己的目标。让小时候一样的快乐多来几次吧，让美好的记忆重来。

小军

大学生的青春是瑰丽的，它旖旎多姿却稍纵即逝。在大学校园里面，有许多和小军有类似感受的大学生，他们和小军一样，经常会感到困惑：我们究竟为什么而活着？为什么而忙碌着？在大学阶段，许多大学生们在寻找生命的真谛，寻找人生的坐标，我们希望有某种永恒的东西伴我们度过青春无悔的岁月，并用它不灭的光芒照亮我们生命的航程。这一切都需要我们对自己有一个全面、准确的自我认识。

在这个世界上，最了解你的人恐怕就是你自己了。但是我们往往需要通过和他人的交流而获得对自我的认识。因此，自我意识并不是与生俱来的，而是随着一个人的成长、成熟不断发展和变化着的。

一、什么是自我意识

（一）自我意识的概念

自我意识，有时也被称作自我。是一个人对自己身心活动的觉察，即对自己的认识和评价。包括对自己的生理状况（如身高、体重、体态）、心理特征（如兴趣、能力、气质、性格等）以及自己与他人的关系（如自己与周围的人相处的关系、自己在群体中的位置和作用等）。例如：你与一位朋友在聊天时，自己会意识到自己正在和别人说话，感觉到自己的心情是愉快的，同时还判断自己的看法和观点是正确的，觉得自己的态度是真诚的。

自我意识可以是有关自我的一套观念，也可以只是有关自身认识的一些直觉，但不论是观念还是直觉，都会对我们的行为产生影响。准确的自我知觉，有助于个体的社会调适和心理、行为素质的良好发展。也正是由于自我意识的存在，我们才能对自己的思想和行为进行自我调控，逐渐走向成熟。

（二）自我意识的结构

1. 生理自我、社会自我与心理自我

从自我意识的活动内容来看，自我意识可分为生理自我、心理自我和社会自我。

1）生理自我

即个体对自己的生理状态，如性别、身高、体重、外貌、体能等方面的认识和评价。它是一个人在与他人交往的过程中通过学习而逐渐形成的，它使一个人把自我和非我区别开来，意识到自己的生存是依托于自己的躯体。生理自我是

与生俱来的,随着自我意识的成长,我们逐渐对生理自我有一个明晰的看法与正确的认识,但是由于青年时期的不确定性,有的学生对生理自我产生较高的心理关注。女生关注自己是不是漂亮、迷人、有吸引力,胖瘦高矮,甚至脸上的雀斑;男生关注自己的体形与身体高度甚至生理器官、声音的吸引力等。

2)社会自我

即个体对自己与周围关系的认识和评价,如所处时代、周围环境、社会地位以及人际关系等方面的感知。既包括个体对周围客观环境和他人的影响、作用的认识和体验,也包括对自身在客观世界中的地位、责任、力量的认识和体验。

随着我们社会化程度的不断加深,逐渐获得了一定的社会经验,开始意识到自己在社会中会承担不同的社会角色,在社会组织中也有了自己的作用和地位,这就产生了社会自我。有些人觉得自己是集体中不可或缺的成员,而有些人则认为自己不善交际、时常感到孤独,这都是我们在社会交往的实践过程中逐渐形成的对社会自我的认知。

3)心理自我

即个体对自己心理状态,如兴趣、爱好、性格、气质、认知特点和行为表现等方面的认知和评价。随着个体发展的不断成熟,个体对心理自我的认知会越来越全面,自我评价和体验会越加客观,也就越能在客观事物发生变化的过程中积极调整自我的状态。

每一个人的自我意识都经历着从无到有、逐渐成熟的漫长过程。从自我意识的内容角度来看,个体成熟的自我意识至少应该表现在三个方面:能意识到自己的身体特征和生理状况;能认识并感受到自己在社会和集体中的地位和作用;能体验内心的各种心理活动。

2. 认知、情感、意志的自我意识

自我意识是一个多维度、多层次的心理系统,从结构(形式)上看,自我意识可以包括自我认知、自我体验和自我控制三个子系统。

1)自我认知

自我认知是主观自我对客观自我的评价,包括自我感觉、自我观察、自我印象、自我分析、自我评价等。自我认知解决"我是一个什么样的人"的问题。自我认知层面上还包含理想自我和现实自我的冲突。特别是青年大学生,他们的理想自我一般都比较完美,高于现实自我,在实际中就会出现对现实自我的不满意,表现出自卑甚至自弃。

一名沉溺于网络的大学生曾经这样写道:"我的理想是做一个有理想、有抱负、有成就、成功、非凡的人。在大学要为我将来的成就奠定基础,我的理想自我是一个优秀大学生。可在现实中,我却发现自己意志薄弱、缺乏奋斗精神而且比较散漫,约束不好自己。当我第一次为上网逃课时,我对自己说:仅此一次。但每次的决心都在网络巨大的诱惑面前败下阵来。我觉得'现实自我'距离'理想自我'越来越遥远,甚至有时都不敢正视自己。"

大学生的自我认知以真实自我为轴心上下摆动。当学生取得一点成绩时,便显示出自负的一面;而当遇到挫折时,学生便表示出自卑的否定性评价。这都是大学生自我认知中客观存在的现象。进行客观正确的自我评价是一个负责的、毕生的过程,人的自我发展也是一个连续的终生的过程,对自我的认识将是人类永恒的话题。"认识你自己"也将是一个终生课题。

2)自我体验

自我体验是主观自我对客观自我产生的情绪体验,是在自我认知基础上产生的。自我认知决定自我体验,而自我体验又强化着自我认知,主要集中在"能否悦纳自己""对自我是否满意"等方面。自我体验的内容十分丰富,可以包括义务感、责任感、优越感、荣誉感、羞耻感等。

在传统的教育中,我们对自我体验的重视和强化不够。事实上,自我体验对成长着的个体而言,具有不可替代的重要作用。有时,同样的时间,他人的体验与自身的体验截然不同。从实践中获得的自我体验比从理论中获得的自我体验要深。这种自我体验具有不可替代性,每份体验都是独特的。比如,在生活中我们会有这样的感叹:"没有人能真正理解我,我是一个孤单的人""今天我的表现很棒,以后也要这样勇敢"等其实都是自我体验的表现。

3)自我控制

自我控制是对自己的行为、情绪等进行控制,以使自己达到自我期望的目标。包括自我激励、自我暗示、自强自律等。其核心内容是"我将如何规划自己的人生"。我们经常讲的"自制力"其实就是自我控制的能力。

每个人的自我意识都是由自我认知、自我体验和自我控制三个部分有机组

大学生心理健康教育(第二版)

合而成的,三者之间的和谐程度及与客观事实的吻合程度,决定了个体自我意识的健康情况。

3. 现实、投射、理想的自我意识

从观念(存在)上看,自我意识的结构还可以分为现实自我、投射自我和理想自我。

(1) 现实自我。也叫现实我,即个体从自己的立场出发对目前自身的总体实际状况的基本看法。

(2) 投射自我。也叫镜中我,即个体想象的自己在他人眼中的形象,想象他人对自己的基本看法。社会学家库利和米德曾指出,人们对自我的认知是在与他人的互动中逐渐形成并在一生中会经历很多的变化,他们把这种作用叫做"镜像自我",也就是说,一个人的个体概念是从社会这面镜子里看到的自己的影像。例如,一个大一学生告诉别人,他是一个有亲和力而活泼外向的人,积极参加学校里各类学生社团的活动。其实他是通过曾经与他人及其所属的社会群体的交往经验来获得这种对自己的认知的。

(3) 理想自我。也称理想我,即个体想要达到的比较完善的形象,也是个体所追求的目标。理想自我并不是现实,但是却对个体的认识、情绪和行为产生极大的影响,在某种程度上,它是个体外在行为的主要动力。

心理学相关研究证明:当"现实的我"和"他人眼中的我"相一致时,个体会产生加快自我发展的倾向;反之,个体会感到自己得不到他人的理解,或试图改变"现实的我"。当"理想的我"建立在个体实际情况基础之上,并且符合社会要求和期望时,就会指导"现实的我"积极适应并且作用于外在环境,从而加速自我意识的发展;反之,如果"理想的我"与"现实的我"和社会要求三者之间产生了矛盾,就会导致个体内心的混乱,甚至会引发各类心理问题。

二、自我意识的作用

自我意识是个体认识客观世界的条件。一个人只有能够充分地了解自己,才能把自己和他人、社会相区别,明确自己和客观世界的界限。个体的心理发展都要经历从幼稚到成熟的过程。形成正确的自我认知是个体心理成熟的标志,对心理健康、人生幸福和事业成功都起到相当重要的作用。

自我意识是启动个体自觉性和自控力的前提。在对自己充分了解的基础上，才能更有意识地控制自己的行为，保证个体持续不断地进行自我监督、修正自我修养，个体才能走向完善。善于认识自我的人，更能真实地认识自己，能清楚自己的优点和不足，在社会生活中能表现出恰当的行为，能树立切合实际的人生目标并为之付出努力。具体而言，有以下几个方面：

（一）有利于个体的社会适应

大量心理学研究表明，个体对社会生活的适应很大程度上取决于自我意识的成熟程度。如果一个人对生理自我、社会自我和心理自我的认识和体验不够正确，就会导致现实与理想的差距过大，造成社会适应不良，无法根据现实社会的变化而做出适当的自我调适。

大学生经历初高中时期的刻苦学习，加之对大学生活怀有许多憧憬，有很多大一新生刚一进入大学校园，总会感到很多心绪的起伏不定：既有对未来生活的新奇，有可能会伴有一丝失落；既有结交新同学的喜悦，又有与老同学分开的思念；既感受到大学生活的自由，又对新的学习和生活方式感到困惑……绝大多数大学新生都会在开学第一个学期感受到一定的适应压力，能否尽快地融入全新的大学生活，很大程度上取决于同学们对自己的个性、能力等方面的自我认知。

（二）有利于人际关系的和谐

人际关系不协调很多时候是由个体对自我的认知不正确导致的。心理学家发现，在不同的人际关系背景下，大学生经常会感到他们的自我价值会有些不同，例如和父母、老师、男同学、女同学或者从未谋面的网友。正确的自我意识通过正确的自我评价而产生合理的理想自我，并且通过感知正确的投射自我而获得他人对自己的看法，正确认识自我与群体的关系，并能够根据实际情况主动调节个体的人际关系，从而获得健康、和谐、平静的良好心态。

（三）有利于促进自我教育

正确的自我意识能够帮助个体在正确认识自己的优点和不足的基础上，客观评价自己，进而树立适合自我发展的目标。在目标实现的过程中，个体是否能够保持积极、乐观的态度，采取恰当、有效的方法，是否能够持续地进行自我监督、自我反省、自我调适和自我控制，则影响着个体发展目标的实现。这个过程是个体自我教育的过程。

有些大学生过于依赖初高中时期养成的学习知识主要靠老师传授的方式，甚至不仅在学习方面，在日常生活、人际交往方面也缺乏自己的独立思考，时常感到茫然无措，其根本原因就在于他们往往不能正确认识自己，无法充分调动自己的主观能动性，缺乏自省精神，不善于从学习和生活的经历中总结和积累。

（四）有利于促进自我实现

健全的自我意识，能够通过合理的自我认识、良好的自我体验、自觉的自我调节和控制来促进自我实现，让个体最大限度地挖掘自身的潜力。曾有心理学家对学习成绩不好的大学生进行调查，结果发现有三分之一的大学生学习成绩不良是因为对自己的学习能力缺乏自信心，这种不正确的自我评价导致了这些大学生丧失了学习的动力，制约了他们的发展。

第二节　大学生自我意识发展的特点及偏差

一、大学生自我意识发展的特点

总的来说，大学生自我意识处于高度发展的阶段。

自我意识是作为主体的人对自我存在的认识和把握。自我意识发展不仅与年龄有关，而且与人的知识水平有关。大学生作为处于青年早期的高知识水平群体，他们自我的概念基本成熟，追求自我完美、自我同一性更趋完善。在这一阶段，大学生的自我意识发展体现了如下特点：

（一）高度关注自我

青年期是身心发展的关键时期，更是人的一生中自我意识发展的关键时期。在这个阶段，大学生们在生理、认识和情感等方面都将要或正在发生着深刻的变化，如性的成熟、思维能力的拓展、感知觉能力的提高等，都在促使着大学生群体开始将关注的重点转向自身，不仅关注着自己的生理变化，更关注自己的内心世界，开始形成自己独特的个性品质和对他人、社会的理解方式。

值得注意的是，自我意识尚未确定的青年，往往通过他人对自己的态度和评价来认识和确认自我的存在价值,因此对他人对自己的看法尤为敏感。来自他人的评价直接影响着大学生对自我意识的不断修正。与此同时,大学生在青年期逐渐积累的生活、社会经验,特别是"成功"和"失败"的经验,也对他们自我意识的发展产生深远的影响。在初中、高中阶段,个体的精力基本被紧张的学习生活占据,没有太多的时间去关注自己的内心,而到了相对自由的大学阶段,大学生们才能真正专心地考虑自我评价、自我探索、自我完善等人生课题。

总的来说,大学生开始高度关注自我一般体现在三个方面:一是基于生理的成熟,他们开始关注自己的身体、内驱力及生理欲求;二是由于人际关系的扩大,他们在与他人和社会的交往中,通过与他人的比较,更为关注自己的能力、素质、天赋等问题;三是基于认知能力的进一步发展,他们开始对自己行为的动机、结果进行分析,并思考着自己的存在价值和人生意义该如何体现等问题。

(二) 自尊心的明显增强

随着大学生对自我的关注度提高、才能的增长、成人感的萌发、独立意向的增强,他们的自尊心明显增强。大学生的独立意向和自尊心具有两重性,一方面,它可以成为发明创造、开拓视野、不甘落后等优良品质的心理基础;另一方面,如果缺乏正确的思想引导,超过一定限度,会形成固执、散漫、脱离集体、追求虚荣等消极的心理特点。如果大学生缺乏是非观念,还容易成为违法犯罪和社会动乱的一个因素。因此,大学生要学会正确处理独立与环境、自尊心与虚荣心、个人与社会之间的关系,而且要把尊重人和要求人统一起来。

值得注意的是,一个人在一生中,他对自尊的体验是不稳定的。尤其是大学生这一青年群体,在青年期他们经历了很多与青春期有关的身体、认知和社会变化,告别了儿童期,并开始探索稳定的成人同一性,在这个过程中,他们很容易感到混乱,自尊程度也会随之产生波动。大学生们都会自觉或不自觉地感受到自己在努力应对他们自尊程度波动所带来的变化,并随之做出认知和行为上的调控。

小测试:测测你的自尊指数

(1) 我认为自己是个有价值的人,至少和别人不相上下。

(2) 我觉得我有很多优点。

大学生心理健康教育(第二版)

（3）总的来说，我倾向于认为自己是个失败者。※

（4）我做事可以做得和大多数人一样好。

（5）我觉得自己没有什么值得自豪的地方。※

（6）我对自己持有一种肯定的态度。

（7）整体而言，我对自己感到满意。

（8）我要是能更看得起自己就好了。※

（9）有时我的确感到自己很没用。※

（10）我有时认为自己一无是处。※

（※为反向计分题）

"是"计＋1分，"否"计－1分。

（三）自信心高度发展

一般来说，自信心是一种积极的心理品质，但是如果自信心不是建立在正确的自我认识的基础上，就会产生心理偏差，出现自卑或者自负的现象。自我意识的强弱是一个人成熟程度的体现。

在日常的生活和学习中，通过与他人沟通，大学生获得了有关自我的信息反馈，他们的"现实的我"和"理想的我"进行着一次又一次的冲突、调整和发展。自我意识带来的矛盾和冲突，会给大学生带来不安或者焦虑等消极心理体验，他们往往采用自我探究来克服和摆脱这种不安和焦虑。如果经过痛苦的选择和调整之后，他们的现实自我和理想自我趋于统一，对自我的认识更加深刻、客观，不仅能了解自己的长处与优势，还能正视自己的不足与劣势，能够判断哪些目标通过努力能够实现，哪些目标尽管努力仍是无法企及的，从而形成积极的自我肯定，对生活和学习持有乐观的精神和自信的心态。相反，如果个体过于沉浸在失败、挫折的经历中难以自拔，对"现实的我"评价较低，不仅不能接纳自己，甚至产生了自我放弃、自我拒绝的不良心态，表现得缺乏朝气、随波逐流，失去了前进的动力，则会产生自卑的心理；有些大学生对自己评价过高，用"理想的我"取代了"现实的我"，脱离了客观实际，盲目自信，陶醉在虚无缥缈的自我想象中，自吹自擂，自我陶醉，却不会为了理想目标做出任何实际的努力，产生了自我夸大的不良心态；自我贬损和自我夸大是和自我肯定相反的消极自我意识的两种表现。

大学生应该从多维的角度来看待自己,如对自己的天赋、智力、身体、心理的认知,对成功和挫折的认知,都影响着大学生自信心的建立。有的大学生过分看重他人对自己外表的看法,试图通过对外表的一系列包装和改造来影响他人对自己的评价;有的大学生因为某一次考试的失利就否定自己的学习能力,进而产生"什么都不如别人"的自卑心理;还有的大学生对周遭的一切都抱着漠不关心的态度,完全沉浸在自我世界里,这都会对自信心的建立产生不良的影响。

Tips:增强自信心的小秘诀

(1)默念"我能行,我能行",要果断,重复几次,特别是在遇到困难时更要默念;

(2)多想自己开心的事;

(3)经常面带微笑,尤其学会在挫折时笑得出来;

(4)经常自然地昂首挺胸;

(5)主动与人交往;

(6)多欣赏振奋人心的音乐;

(7)在自己已经取得成就或显现优势的领域继续努力;

(8)自主地选择适合自己发展的环境,因为这些环境能为你提供展示优点的机会;

(9)主动尝试自己以前没做过的事,大胆去看、去想、去做;

(10)自己充实闲暇时间,尽可能去做有益于自己的事。

(四)自我评价趋于成熟,但不够客观

大学生们从不同角度来分析和评价自己与他人的关系,并由此得出对自我的评价。由于社会经验还不够丰富,自我的同一性尚未完全形成,大学生们的自我评价尽管因呈现出多维度的趋势而渐趋成熟,但仍呈现出不够客观的特点。由于青年初期的自我意识还不够稳定,因而大学生们对他人的评价也十分敏感。由于自尊心强、好胜心强,受到老师、家长和同学的肯定和夸奖,有的大学生容易夸大自己的优点;而由于耐挫力不够、自我期望值较高,一旦遇到挫折,有的大学生则倾向于全面否定自己,对自我的评价趋低。除此以外,来自生理特征、兴趣

大学生心理健康教育(第二版)

爱好、学校的教学设计和父母教养方式等方面的区别也会影响大学生自我评价的客观性。

随着人生经验的积累,大学生们也在对自我意识不断进行着修正,这种修正往往依赖于两个方面:一是成功和失败的经验;二是来自他人的评价。在修正自我意识的过程中,大学生表现出"自我接纳"和"自我否定"两种状态。自我接纳意味着个体对自身的特征能够积极接受,以平常心面对自己的优势和不足;自我否定则意味着个体否定自己的各个方面,过于夸大自己的不足,忽视了自己的优势。自我接纳和自我否定都是自我意识发展过程中必然出现的心理过程。明白了这个道理,有助于大学生更加客观地面对自我意识确立的过程。

曾有心理学家针对大学女生做过"体育活动与自我评价"之间关系的实验,他们发现,传统的社会角色要求往往期望女性青年拥有"不要太顽皮""文静"的性格特点,但事实证明了那些在青年期热衷于参加体育活动和竞技类活动的女大学生,在进入社会生活后表现出更为明显的优势:她们往往拥有更好的身体活动能力、较好的形体、一定的男性性格特征(更加果断、勇敢、具有竞争力)。尽管这些心理实验的结果是令人感到乐观的,但是这也对大学体育教师对体育活动的设计和测量提出了更高的要求:如果女大学生们在体育课程中得到了相对更多的肯定,无疑会在一定程度上激发她们对自己运动能力的积极评价;而如果她们在体育测验中得到相对更多的否定,则容易导致她们失去参加体育活动的兴趣。

二、大学生自我意识的偏差

(一)过度自我中心

大学生强烈关注自我,但过度关注自我则会导致自我意识的偏差。过度自我通常表现为个体只从自我的角度、自己的标准去认识、评价事物以及自己与他人的行为,从自我角度出发采取行动。

例如,某大二男生卫生习惯特别差,衣服、臭袜子不洗,到处丢,同学们对此多次提出意见。他却愤愤不平地说:"个人卫生习惯是我个人的行为自由,凭什么你们要我改变我的行为?"这种只站在自己的角度去思考问题,却不考虑他人感受的过度自我中心行为,影响了其正常的人际交往,不利于个人发展。

(二)过高的自我评价

过高的自我评价,是指个体高估自我,对自己肯定的评价远远超出自己的实际能力和表现。用放大镜看自己的长处,很少认识到自己的缺点或短处,同时用显微镜看别人的短处,很少看到别人的长处。在这种对自我过高评价的支配下,个体往往会扩大现实的自我,形成错误的、不切实际的理想自我,并认为理想的自我可以轻易实现。

(三)过度自卑

自卑是个体对自己的一种不满、否定的自我情感体验。人在生活中的某些时候产生自卑感是很正常的,这种情感体验对人的发展并非坏事,有很多时候它还是人们行为的动力。著名心理学家阿德勒在记录他自己成长的心路历程中形成了他的理论:自卑的超越。但是过度的自卑却不利于个体身心的发展。

大学生过度自卑通常表现为在具有挑战性的公共场合时总是选择逃避退缩,即使在平时的学习、交往中,也往往过于拘谨、畏缩、敏感,担心别人发现自己潜藏的缺点而看不起自己。在他们自卑心的内部常常包裹着一颗敏感、极易受伤害的自尊心。别人随便说的一句玩笑话或者别人的一个动作、表情,都可能给他的自尊心带来强烈的刺激。为了避免自己嫉妒、脆弱的心灵因外在刺激而受伤害,往往会采取躲得远远的,离群索居的生活,同样不利于个体发展。

第三节 大学生自我发展的途径与方法

自我意识对一个人心理健康的程度起着重要的作用,在个体人格优化中发挥着强大的助力功能。健全的自我意识不仅是衡量一个人是否心理健康的重要标准,更在个体成长发展中发挥着重要的作用。

(一)健全的自我意识的标准

(1)有自知之明,既能知道自己的优势,也能知道自己的劣势,能够正确地评价自我。

(2)自我认知、自我体验和自我控制能够协调一致。

(3)能够积极地自我肯定,在保持独立人格的同时也能与外界保持一致。

(4)现实自我和理想自我能尽量做到统一。

（5）有自省意识，能够树立积极的奋斗目标，并愿意为之付出努力。

（二）完善自我意识的途径

1. 正确地认识自我

中国有句古话，叫"知人者智，自知者明"。对于自我的认识之所以是件困难的事情。这是因为，其一，人对自己的心理不能像测量血压、身高一样有一个客观的尺度，即使是心理测量，一般人也较难掌握。其二，人对自身的认识往往缺乏一定的积极性和坚持性，容易产生"当局者迷"的情况。

正确的自我认知，意味着个体对自己有着较为明确的了解，能够客观地认识和评价自己，既承认自己在某些方面的能力和才干，又能接受自己在其他方面的劣势和不足。对于自己已有的能力和才干，能够在学习和生活中有意识地发扬光大，而对于自己的劣势和不足，则能做出相对客观的自我评价和自我教育，并有意识地避免和克服，从而能够正确地评估自己在他人眼中及群体中的作用和地位。要做到正确认识自我，有以下几种方法：

（1）在经常的自省中认识自我。孔子曰："吾日三省吾身"。要引导大学生学会自省，经常检查自己行为和动机正确与否，行为过程中有什么不足，结果如何，有哪些收获和缺憾，从中发现长短得失，以便他们有的放矢地进行自我调整。

（2）通过他人的认识来认识自我。个体与社会、与他人有着密切的联系，个体要超出自身来认识自我，必须通过认识他人、认识外界来进行。所以，大学生应该积极地投身于认识世界、改造世界的社会实践，在其中不断丰富自己对自然、社会、他人的认识，并在此基础上进一步认识自我。深刻的自我认识是以深刻地认识和理解他人、社会为前提的。

（3）在他人的评价中认识自我。心理学家认为，当一个人的自我评价与别人对他的客观评价有较大程度的一致性时，表明他的自我意识较为成熟。了解他人对自己的看法，有助于发现自己忽视的问题。唐太宗有句名言："以镜为鉴，可以正衣冠；以人为鉴，可以知得失。"个体可以通过他人对自己的态度、期望、评价来进一步认识自己。当然，大学生也不能不加选择和思考地接受他人的评价。不因过高的评价而飘飘然，也不因过低的评价而失去信心。

（4）在与人的比较中认识自我。有比较才有鉴别。人们在缺乏客观评价标准的情况下，可以通过与他人的比较来评价自己。与周围的普通人比较，能认识自己的实际水平及在群体中的地位；而与杰出人物比较，则能找出自己的差距和努力方向。与他人比较，最重要的是选择恰当的参照系，同时还要学会用发展的眼光、辩证的方法去看待自己和他人。恰当地与他人比较而正确评估自己的人，就能做到既不妄自尊大，也不妄自菲薄，从而能合乎实际地确定自己的奋斗目标和行动计划。

（5）通过自我比较来认识自我。人们不仅可以通过与他人比较来认识自我，还可以通过把目前的"自我"与过去或将来的"自我"相比较来进一步认识自我。过去的成功经验越高，个体越容易积极地评价自己；而指向未来的抱负水平越高，个体越不容易满足，越难以对自己做出肯定的评价。所以，教育者在培养大学生正确的自我意识的构成中，一方面要鼓励学生超越自我，不满足现有的成绩；另一方面可引导学生树立能达到的目标，不一味地跟自己过不去。

总之，大学生自我认知的建立来自多个维度，既有自己的认识和评价，又有他人和群体的评价。从多角度评价自己，尽量形成客观公正的自我认识。

2. 积极地悦纳自我

悦纳自我，意味着接纳自己，喜欢自己，欣赏自己，能正确认识自己的优势，也能接受自己的不足，能够冷静地面对学习和生活中的得与失，由此体会到自我的独特性，体验到自我存在的价值感和幸福感。可以说，自我悦纳是健全的自我意识发展的关键所在。

要学生积极地悦纳自我，教育者首先要引导他们积极地评价自己。这是促使他们产生自尊感、克服自卑感的关键。其次是在教育过程中要处处保护学生的自尊心，即使在批评学生时，也要尊重学生的人格。

悦纳自我不等于放任自己的缺点。真正的悦纳自我在接纳自己的不足的同时，也会激发个体不断完善自己的动力。一个人只有真正地接受自己、爱护自己，才能愿意让自己变得更加优秀，才能注重不断地提升自己。大学生在刚刚进入大学校园时，大家在自理能力、学习能力和接受能力上基本处于同一个起跑线，但是在大学毕业后，则会呈现出不同的个人状态。有的人碌碌无为、茫然若失，有的人则志向坚定、收获颇丰，之所以会产生如此悬殊的差距，很大程度上取决于一个人是否能够真正地悦纳自己，是否愿意为自己的目标付出努力。如果一个人将时间和精力都荒废在否定自己、拒绝自己上，又何谈自我完善呢。

3. 科学地塑造自我

大学生情感丰富，社会磨练不足，加上人生观和价值观没有完全确立，很容易受到各种社会思潮与其他外部环境的影响，对待问题容易情绪化，对自己的长处和短处往往估计不足。常常表现出心理的不平衡，情绪体验较强烈，易振奋，也容易波动。科学地塑造自我，意味着在客观认识自我的基础上，能否正视"现实的我"与"理想的我"之间的差距，并合理地制定自己的奋斗目标，为之采取行之有效的措施，帮助自己不断缩小现实与理想之间的距离。

科学地塑造自我，可以借鉴以下几点：

1）要确立明确的行动目标

一般来说，有目标指向的行为比无目标指向的行为成就大得多。合理的目标可以有效诱发个体的动机，强化人的行为，并促使其指向预定的方向。确立正确的自我目标，关键是要按照社会的需要和个人的特点来进行设计，做一个"自如的我，独特的我，最好的我，社会欢迎的我"。

2）要培养坚强的自控能力

在实现人生目标的旅途上，会有各种本能欲望的干扰，又有各种外界诱惑的侵袭。一个人要想成就一番事业，就需要有较强的自我控制能力，以保证理智地约束自己的情感，把握自己的行为。

3）要塑造健全的人格

人格不仅是人的心理面貌的集中反映，而且是人的心理行为的基础。它在很大程度上决定了人对外界的刺激做出怎样的反应，而且会直接影响人的身心健康、活动效果、潜能开发以及社会适应情况，进而也影响一个人包括生理、心理和社会文化素质在内的综合素质的发展。

大学生要正确认识自己，树立自信；悦纳自己，建立自尊；完善自己，走向自强。

最后用费罗姆的话结束本章节的内容："生命的目的是真实地活过。然而，悲剧是许多人从未真正活过便离开了这个世界。生命是每一刻都真实地活着……任何人若不真实活着，死亡立刻随之而至……答案在于发挥自我觉醒的能力、理性及爱心，以至超越自我极限，达到新的和谐并与世界合一。"

第四章

天生我才：大学生的专业学习

【情景导入】

小楚，男，20岁，某高职高专院校二年级学生。

小楚在求助心理咨询师时自述："大一刚入学时，我觉得非常轻松、自在，大学生活不像高中时那么紧张。有同学说'学不在深，及格就行，60分万岁，61分浪费'，我当时觉得考及格还不容易嘛，不需要太努力应该就能做到。大一下学期的时候，除了上课外，课余空闲时间多起来，我渐渐开始觉得空虚无聊，不知道该干什么。于是我找父母要钱买了台笔记本电脑，开始玩网络游戏，后来还因此逃课。结果在期末考试时有两门课不及格，这完全在我意料之外。到了大二，我不想再挂科，所以决定不再逃课，认真学习。可是坐在课堂里我却怎么也听不进去，进入不了学习状态，脑子里总是会浮现出网络游戏的画面。课后想自己看书，但看不了两行就会打瞌睡。现在距离本学期期末考试还有两周，可是我还有好多内容都不会，同学帮我划了重点，但我看了半天还是记不住。想到考试我就会不由自主的心慌，担心再有课程不及格，近半个月以来我晚上总是迟迟不能入睡，实在是很苦恼。"

以上案例是典型的学习心理问题。大学里的学习环境相对宽松,致使一些没有明确目标的学生感到空虚和迷茫。小楚由于自身自制力较差的原因,无法合理的安排好时间,沉迷于网络游戏而耽误了学习。临近考试时又会因为自己的碌碌无为而感到焦虑不安,进而导致一系列的心理问题。目前在大学生中,这种缺乏学习动机,整天无所事事的学生并不少见。对大学生来说,学习活动影响着他们知识的获得、专业能力及未来就业情况,还会影响他们的心理健康,进而影响着他们能否成人成才。因此,为了将来的生存和发展,他们必须学会学习,并运用学习方面的心理知识帮助自己。

第一节　大学生专业学习概述

一、什么是学习

（一）学习的含义

孔子曰："学而时习之,不亦说乎?"(《论语·学而》),又曰:"学而不思则罔,思而不学则殆。"(《论语·为政》)我国古代儒家的学习观点,在一定程度上揭示了学习与练习、学习与情感、学习与思维的关系,显示了我国古代学习思想的丰富性。那么什么是学习呢?

一般认为,学习的含义有广义和狭义之分。

广义的学习是人和动物在生活过程中获得个体的行为经验的过程,是人类和动物生活中的普遍现象。对于这个定义,体现了四个论点:

(1) 学习是人和动物共有的对环境的一种适应现象。人和动物可以通过学习获得经验。人类的学习现象比动物复杂得多,但不能否认动物也是有学习的。如通过训练,鹦鹉可以学会一些人类的词语表达;牛可以学会耕地;导盲犬可以学会给盲人引路等。相对于动物而言,人类的学习更多地具有能动性、社会性等特点;除了以直接方式获取经验外,人类还能够通过社会交往等形式间接获取大量经验;人类的学习主要以语言为中介,使得对抽象、概括经验的掌握成为可能。

(2) 学习不是本能活动,而是个体通过练习获得行为经验的过程。当然,这种经验可以是直接的,也可以是间接的。比如来自生活工作中的实践经历是直接经验,而我们从课本上学习知识就是一种间接的经验。经验的获得过程对于个体来说就是学习过程。需要注意的是,个体在生活过程中,由于成熟或者衰老也会造成行为的持久变化,但这些变化与练习和经验无关,不属于学习的范畴。

(3) 学习所引起的行为或行为潜能的变化是相对比较持久和稳定的,这一特征将学习的结果与其他非学习过程的结果区别开来。疲劳、机体损伤或药物作用也能引起行为的变化,但是这些变化是暂时的,一旦恢复精力、体力或者药

大学生心理健康教育(第二版)

效消失,行为表现又会回到原来的状况,因此这类行为的变化不能称之为学习。

(4)通过学习活动产生的变化可以是外显的,表现为行为上的变化;也可以是内隐的,表现为心理上的变化,即认知性变化和情感性变化。可以说,学习一旦发生,个体就不再是先前的个体,改变在学习中已发生。

狭义的学习是指学生的学习。它是人类学习的特殊阶段,有特定的学习内容和多种多样的方式。大学生的学习是在教师的指导下,有目的、有计划、有组织、有系统地进行的,是以掌握系统的科学知识为前提的。大学生的学习是在较短时间内接受前人的知识与经验,重要的是对间接经验的学习与掌握。大学生的学习不但要掌握系统知识和技能,还要发展思维能力,培养道德品质,形成一定的价值观、世界观,获得全面发展。对于一个大学生来说,学习是其社会化的关键所在。本章讨论的是狭义的学习。

(二)学习的分类

学习的形式多种多样。对学习活动进行分类,有利于认识不同学习类型的特点及其规律,便于提高学习的效果。由于心理学家们对学习所持的观点不同,对学习分类的角度不同,其分类也不尽一致。其中比较有代表性的理论如下:

(1)美国心理学家加涅提出五类学习结果的分类:①认知策略,指学习者根据学习的目的及要求,用于自身学习、记忆与思维活动的方法、手段。有时称为学习策略或者"学习如何学习",它是学习者学会如何学习的核心部分。②言语信息,指学习者运用语言陈述信息的能力,即回答"是什么"或"知道什么"。③智慧技能,指学习者运用符号办事的能力,它涉及概念和原理的运用,是学习的主要学习目标,可描述为"怎么做"。④动作技能,指学习者习得的用来协调自身肌肉活动的能力。⑤态度,是一种使学习者倾向于选择某种行为方式的心理状态。

(2)美国教育家和心理学家布卢姆根据教育目标对学习进行分类。布鲁姆教育目标分类学最正规的修订工作是由课程理论与教育研究专家安德森为首的一个专家小组经过5年的工作,于2001年公布的原分类学的修订版。2001修订版与以前最大的不同是将教育目标分成两个维度:知识维度和认知过程维度(见表4-1)。

表 4-1 布卢姆 2001 年认知领域教育目标分类表

知识维度	认知过程维度					
	记忆	理解	应用	分析	评价	创造
事实性知识						
概念性知识						
程序性知识						
元认知知识						

知识维度分为四类：①事实性知识，指学习者在掌握某一学科或解决问题时必须知道的基本要素，包括术语知识和具体细节及要素的知识。②概念性知识，指某个整体结构中发挥共同作用的各基本要素之间的关系，包括类别与分类的知识、原理与概念的知识及理论、模式与结构的知识。③程序性知识，指如何做事的知识，包括了技能、算法、技巧和方法的知识，统称为"程序"，还包括了运用标准确定何时何地运用程序的知识。④元认知知识，指一般认知的知识和关于自我的知识，包括策略性知识、关于认知任务的知识、自我知识。

认知过程维度包括六类：①记忆，指从长时记忆中提取相关知识，包括识别和回忆。②理解，指能够确定口头的、书面的或图表图形的信息中所表达的意义，包括解释、举例、分类、总结、推断、比较、说明。③应用是指运用不同的程序去完成操练或解决问题，因而，应用与程序性知识密切有关，包括执行和实施。④分析，指将材料分解为其组成部分，并且确定这些部分是如何相互关联的，包括区分、组织、归属。⑤评价，指依照标准和准则来做出判断，包括核查（有关内在一致性的判断）和评判（基于外部准则所做的判断）。⑥创造，指将要素整合为一个内在一致或功能统一的整体，包括生成、计划和贯彻。

（3）美国心理学家奥苏伯尔根据学习者进行学习的方式，把学习者的学习分为接受学习和发现学习；根据学习的内容，把学习分为机械学习和有意义学习。

接受学习是指学习的内容以定论的方式传授给学习者，学习者不需要任何独立发现；发现学习是指是在教师不加讲述的情况下，学习者依靠自己的力量去获得新知识、寻求解决问题方法的一种学习方式；机械学习是指不加理解、反复背诵的学习,亦即对学习材料只进行机械识记;有意义学习是指学习材料以非人为的和实质性的方式与学习者的原有知识联系起来的学习。接受与发现,机械与有意义,这是划分学习的两个维度。奥苏伯尔指出,这两个维度之间不是互不依赖和彼此独立的。接受学习可以是机械的,也可以是有意义的;发现学习可以是机械的,也可以是有意义的。在这两个维度之间可以有许多过渡形式。

二、影响学习的心理因素

（一）智力因素——学习的必要条件

智力是指人在不同活动中表现出来的一种认知能力,它是影响人的反应效率、反应效果的个性心理特征。智力由思维力、注意力、观察力、记忆力、想象力、感知力等因素构成,思维力是它的核心。它影响着学生掌握知识与技能的速度、深度及灵活性,并在很大程度上决定着学生学习的可教育性程度。

学习就是通过智力活动感知客观世界,积累经验,掌握知识,解决各种问题,从而认识客观世界发展变化的本质和规律。

关于智力在学习中到底有多大作用的问题,理论上目前还没有定论。通常认为,智力越高学习成绩越高,当然这不是绝对的。智力是认知能力的综合,它对学习的影响还与学科或任务的性质密切相关。学科或任务与认知过程相关度越高,受智力的影响越大,如阅读、写作等成绩与智商的相关度最高,数学和自然科学等次之,书写、体育和手工等成绩与智商的相关度最低。

（二）非智力因素——学习的充分条件

非智力因素是相对智力因素而言的,是指那些不直接参与认识过程,但对认识过程起直接制约作用的心理因素,主要包括动机、兴趣、态度、情感、意志、气质和性格等。这些非智力因素对学习起着动力、定向、激励、强化和调节等方面的作用。

除了智力因素对学习的影响外,非智力因素对学习同样有着重要影响,而且在某些情况下,它比智力因素显得更为重要。如一个对学习缺乏兴趣,同时又没有勤奋精神的学生,即使智力水平再高,也不会有好的成绩。所以,要提高学生的学习效率和质量,既要充分调动学生的智力因素,又要充分激发学生学习的动机和非智力因素。

美国心理学家特尔曼等人曾对 1 528 名智力超常的儿童进行了 50 年的追踪研究。结果发现其中有些人获得了很大成就,另一些人则默默无闻,他们之间最明显的差别不在智力的高低,而在意志品质的不同。有成就的人对所从事的工作有清晰的追求,迎难而上,不屈不挠;而那些无成就者大都意志薄弱,知难而退,消极适应。可见,一个人成才的过程离不开智力因素和非智力因素的相互影响,其中非智力因素起着决定性的作用。

三、大学的学习特点

大学的学习已然和中学时不同,大学生的学习有自己的特点,主要表现在以下几个方面:

(一)为谁学——学习目的的探索性与创新性,以及学习方式的自主性

大学生的学习观念从中学时正确再现教学内容向通过独立思考、探索,形成个人见解的方向转变。大学生的学习目的不再局限于掌握知识,而是要进一步探究知识的形成过程和科学的研究方法,了解各学科前沿的研究水平、存在的问题及解决问题的可能性。因此,大学生需要在不断掌握前人理论成果的基础上,进一步深入探索,运用创新思维,发现新问题、解决新问题。

进入大学后,自主学习在学生学习中日益占有重要地位,其目的是为了培养学生独立工作、独立思考、独立解决问题的能力。法国启蒙教育家卢梭说过:"形成一种独立的学习方法,要比获取知识更重要。"大学生自主学习主要表现在以下几个方面:①大学生的课程不是安排得满满的,而是留有较多的自主学习的时间,使学生有可能把精力投入自己认为必要的或感兴趣的方面。②大学教师课堂讲授应该做到少而精,势必要求学生课外通过自主学习掌握更多内容。③高校越来越重视大学生所学知识的应用能力,课程设计、毕业实习、毕业设计与毕业论文都体现着知识运用的活化,也充分体现学生的自主性。所有这些,都要求大学生注意培养自主学习的能力,首先学会自主确定学习目标,并制定合理的学习计划,还要学会充分利用和创造自主学习的环境与条件,学会自主学习的各种必要手段,掌握自主学习的方法和技巧。

(二)学什么——学习内容的广泛性、专业性和实践性

大学的学习不仅是学知识、学专业,更重要的是学方法、学策略,发展和提升学习能力。只有复合型人才能适应社会的发展,如果没有良好的综合素质和能力,智商再高,学习成绩再好,也难以适应竞争激烈的社会。所以,有不少大学生已经意识到不仅要注重提高自己的知识水平,而且还应注重提高自己的综合素质能力,包括心理素质。为了全面培养大学生的综合素质能力,大学生的课程设计往往是全方位的。例如,大学生要学习门类众多的公修课、基础理论课、专业主干课和各种选修课,其知识的构成具有很强的科学性、结构性。

大学生的学习是在确定了基本的专业方向后进行的。大学生的学习活动,围绕着如何使他们尽快成为高级专门人才而进行。可以说,大学是学生步入职场前系统、全面学习的最后阶段,学习的职业定向性较强。学生将在大学期间学习职场所需的专业理论知识及专业操作技能。现代社会是学历加能力的社会,因此在大学学习中,实践教学占了很大比例,各专业教学计划中都安排了实验、实训、实习、社会实践等环节。大学生在校所学到的一切知识、技能和理论都是为了指导实践、服务实践,为毕业后走上工作岗位,适应社会需要做准备。

（三）怎么学——学习途径的多样性

课堂学习虽然还是大学生学习的主要途径,但已不像中学生那样几乎是唯一的途径。除了课堂学习以外,他们还要按照课程学习要求完成作业,在图书馆查阅资料,参加学生会、社团、协会等工作。除了校内的多种学习途径外,大学生能不断与校外社会现实相联系,进行社会调查或开展咨询服务,从社会实践中学习。这些活动不仅极大增强了学生学习的积极性,而且有效提高了大学生独立学习和独立工作的能力,从而为他们走向社会、获得职业的成功打下坚实的基础。此外,网络为大学生的学习开辟了一条新途径,大学生的学习方式发生了重要变革,越来越多的学生运用网络来进行学习。

第二节　大学生专业学习的问题分析

一、学习与大学生心理健康的关系

大学生的学习情况如何,直接受到自身心理健康的影响,同时也反过来影响其自身的心理健康,两者相辅相成,相互制约。

（一）学习对大学生心理健康的影响

从生物进化的观点来讲,学习是有机体适应环境的过程,是个体获得经验及行为产生持久变化的过程。学校学习是学生学得知识,掌握社会规范,从而更好适应社会的过程,是现代人赖以生存的必要条件,它能促使人的全面发展,对人的心理发展与健康是有益的。此外,学习能给人们带来快乐与满足,忘掉烦恼,并能从成绩中得到安慰。但是,如若不遵循学习心理活动规律,学习也会给心理健康带来负面影响,产生较严重的心理问题。例如,学习负担过重,容易造成心理压力,会使学生产生紧张和焦虑;学习内容不健康,容易造成心理污染;学习难度过大,容易使学生产生畏难情绪,甚至失去信心;学习方法不当,学习效率低,成绩总得不到提高,容易使学生产生自卑心理,进而自暴自弃;学习过度疲劳,容易对身体健康及心理健康造成危害。

（二）心理健康对大学生学习的影响

大量事实表明,心理健康的学生学习成绩普遍高于心理不健康的学生。很多心理不健康的学生终因心理问题不得不休学或终止学业。因此,心理健康对大学生学习的影响越来越引起人们的高度重视。良好的心理能挑战机遇,促成博学巧思;良好的心理有利于激发学习热情,稳定学习情绪;良好的心理有助于排除学习中的各种干扰。

因此,在大学生的学习活动中,重视学习和心理健康的关系,这不仅是大学生健康成长的需要,也是大学生心理学研究的一个重要课题。

二、学习动机

学习动机是指激发学生的学习活动朝着一定的学习目标前进的心理动因和心理倾向。它包括学习需要和学习期待的两个基本成分。学习需要是学生从事学习活动最根本的动力,学习期待则指向学习需要的满足,促使学生去达到学习目标。大部分心理学家认为,如果要进行长期的有意义学习,学习动机是绝对必要的。美国著名心理学家奥苏伯尔认为,学校情境中的成就动机可以分为三个部分:认知的内驱力、自我提高的内驱力、附属的内驱力。

认知的内驱力,即内部动机,是指以获取知识、解决问题为目标,直接指向学习任务的内驱力。它是学习动机中最重要、最稳定的部分。这种内驱力在个体身上最早是由兴趣和好奇心所驱使的,它是学生自发的内在学习动机,如有的人喜欢数学,便愿意钻研难题;有的人写小说可能从来没有出版过,但他从写作中得到乐趣和满足,写作本身对他而言就是一种乐趣。认知的内驱力强的人能从学习活动中得到满足,积极参与学习过程,具有强烈的好奇心,喜欢挑战,在解决问题时具有独立性。

自我提高的内驱力,即外部动机。它是指通过自己的学习能力和完成相应的学习任务而在群体中获得一定地位和声誉的内驱力。目前,有不少学生的学习仅仅是为了取得好分数、获得奖励、避免惩罚、取悦老师等。这些由外部诱因所引发的动机功利性很强,它仅把学习任务当作赢得地位和自尊的手段,一旦达到目的,学习动机可能会下降,而一旦失败,又容易使其感到不满,甚至一蹶不振。这些负性情绪使这些学生感到痛苦,而为了减少痛苦,他们最常见的做法就是降低学习的努力程度。

附属的内驱力,是指为得到老师、家长及朋友的赞许、表扬而出现的努力学习。这种促进学习任务完成的附属内驱力,尽管它在大学生的学习活动中表现得不如儿童时期明显,但仍然十分重要。例如大学生可能因为未能得到教师的肯定或被教师批评,引发对教师的不满,而拒绝上该教师的课;也可能因为恋爱、家庭问题而失去学习兴趣。

学习动机存在一个最佳水平,中等强度的学习动机会对学习效率产生比较适宜的促进作用。耶克斯-多德森定律指出:动机强度和学习效率呈"倒U形曲线",即动机强度过低不能激起学习的积极性,但动机强度过高又会引起高度焦虑和紧张,反而引起学习效率的降低,只有中等强度的动机才有利于学习;研究还发现,最佳的动机唤起水平与学习任务难度密切相关;任务较容易时,最佳动机唤起水平较高;任务难度中等时,最佳动机唤起水平适中;任务困难时,最佳动机唤起水平较低(见图4-1)。

合理、适度的学习动机是推动大学生进步和成长的力量源泉,在学习过程中体验到获得知识的乐趣,在战胜困难的过程中增强自信和勇气,在创造性的活动中体验愉悦。正确的学习动机培养与激发成为高校教育的重要目标之一。

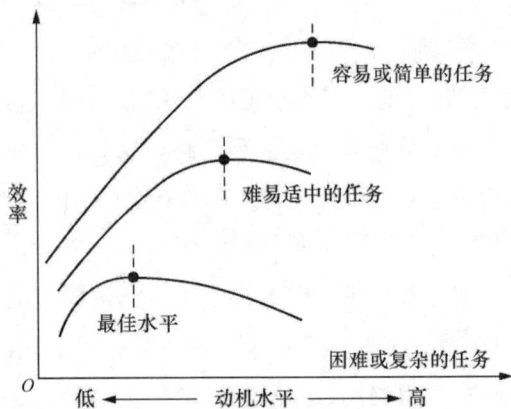

图 4 - 1　耶克斯—多德森定律示意图

【电影"心"赏】

《三傻大闹宝莱坞》

印度电影《三傻大闹宝莱坞》在以两个好朋友寻找多年不见的好兄弟兰彻的过程中展开回忆,讲述 5 年前兰彻顶替他人来到皇家理工念大学。这是一所印度传统的名校,这里教育大家生活就像赛跑,不加油就会被淘汰,检验学生的唯一标准就只有一个——成绩! 成绩不好就意味着没有未来。而兰彻却不随波逐流,他用他的善良、开朗、幽默和智慧影响着周围的人,用所学的物理知识来教训野蛮的学长,用智慧打破了学院墨守成规的传统观念,最后成为一位具有 400 项专利的印度科学家,实现了自己的梦想,也做回了真正的自己。

本片精髓在于主人公对人生意义以及如何倾听自己内心声音的探讨与指引,这是一种真正的精神启迪。整部影片是生气勃勃、激励人心的艺术作品,提出了引人深思的问题——为什么而学习?

该影片含有对"一切为了高分、一切为了工作"现象的抨击,这也在无形中道出无数中国大学生的心声。在我们的大学校园中,不少同学都抱着当好孩子,上好大学,找好工作,娶好老婆,达成理想的人生状态的美好"愿景"开始大学生涯。为此,有些人为了争取高分而选择了"死记硬背式"的学习;有的同学迫于父母压力,勉强就读自己根本不喜欢的专业,学会了在"伪装"中痛苦学习;有的同学虽然喜欢所学专业,但每天害怕自己因成绩差而没法毕业导致无法改变拮据的家庭生活,慢慢以逃避敷衍的方式应付各种考试。而真正喜欢学习的同学往往能够从中获得乐趣,思考如何才能更好地学习,并能朝着人生的目标奋发前进,成功的人生也就随之而来。

三、大学生常见的学习障碍

高校里,大部分学生能努力学习,顺利地完成学业,但是也有相当数量的大学生存在一定程度的学习困难,表现出学习障碍。目前大学生中常见的学习障碍有:学习动力缺乏、严重的学习焦虑、学习疲劳及注意力障碍等。

（一）学习动力缺乏

据调查,目前很多大学生的学习动力缺乏,他们没有追求,没有理想,整天无精打采,萎靡不振,精神空虚,缺乏自尊心和自信心。具体表现为:学习时态度马虎,敷衍了事,得过且过,把学习当成差事,经常逃课,抄袭作业,考试作弊,甚至有部分同学有厌学情绪,不愿上课,不想学习,说到或想到学习就头痛,学习不好不觉得有什么,考试成绩不及格也不在乎;生活中懒懒散散,不遵守校纪校规,整天无所事事地混日子或心安理得地花着父母的血汗钱吃喝玩乐,浪费着自己的大好时光。造成大学生学习动力缺乏的原因是多方面的,主要归纳为以下几种:

（1）学习动机不明确。学习目的不明确是大学生学习动力不足的最基本原因。许多同学在中学时代就没有自己的学习目标,只是迫于家长和老师的压力,才暂时把考大学作为学习的目标,一旦进入大学,便丧失了学习目标。此类大学生在学习上既无远大志向,也无近期目标,缺乏前进的动力。他们认为进了大学就可以高枕无忧,对于未来没有规划,散漫拖沓、不思进取,在学习上具有较强的依附性和从众性。

（2）缺乏自我效能感。自我效能感是指个体能够成功地执行产生某种结果所需行为的信念。自我效能感高的学生,对自己是否有能力完成学习任务的自信心就高,他通常会选择中等难度的学习任务,这样,既有希望获得成功,又有一定的挑战性,在完成学习任务时能体验到强烈的满足感;反之,自我效能感低的学生,则学习的自信心就低,他往往会选择容易或很困难的任务,这样,容易的任务成功的可能性大,避免了失败,困难的任务因为很难,一般人都难以完成,即使未努力完成也不会招致否定的评价,也算是避免了失败。可见,自我效能感会直接影响大学生能否正确面对并努力克服学习中的问题和困难。

（3）对所学专业不感兴趣。这是造成学习动力缺乏的重要原因之一。在高考填报志愿时,由于学生和家长对专业缺乏了解,到校开始学习后才发现对本专业并不喜欢;另一种情况则是家长从当前社会就业"热点"出发,为子女填报所谓好找工作又挣钱多,或相比之下较轻松的专业,事实上学生本人对家长选定的专业并无兴趣;还有些学生则是受考试成绩的限制,只能服从分配,不具备选择专业的条件。心理学认为兴趣是追求认识、探究某种事物的心理倾向,是一个人对某事物所抱的积极态度。既然对所学专业没兴趣,必然就不会有学好它的积极态度。

（4）被社会上的一些消极因素影响,如拜金主义、享乐主义、自由主义、"读书无用论"等思潮的冲击。这部分大学生只看到社会上腐败、失业、不正当竞争等黑暗面,认为那些"强"者并不是靠专业知识获利的,而是靠投机、权力、阴谋手段获利的;还有就业市场的巨大压力,使得大学生的身价日益"贬值",大学毕业生的薪酬待遇与农民工大体相当,"没有知识同样赚钱"很多大学生对此不断发出感慨,这些社会上的消极因素严重地挫伤了大学生的学习动力。

（二）学习焦虑

学习焦虑是指学生由于不能达到预期目标或不能克服障碍的威胁,致使自尊心、自信心受挫,或失败感、内疚感增加而形成的一种紧张不安、带有恐惧感的情绪状态。学习焦虑的具体表现为:学习压力大、精神长期高度紧张、思维迟钝、记忆力减退、注意力不集中、情绪不安、精神恍惚、学习效率下降等。

现代心理学把焦虑分为三种情况,即低焦虑、中焦虑、高焦虑;并且认为适当水平的焦虑,可以增强学习效果,但是若焦虑过度会对学习起到不良的作用。美国心理学家考克斯的焦虑实验表明,中等焦虑组的学生成绩显著高于低焦虑组和高焦虑组,而高焦虑组最差。在大学生中,严重的学习焦虑是比较常见的。正常的、适度的焦虑为学习所必须,但若焦虑过度,则会对学习起破坏作用。

学习焦虑产生的主要原因:一是学习期望值过高。有些学生对自己的能力缺乏正确认识,所树立的学习目标远远超过自己的实际水平,千方百计希望通过努力学习保护自己的自尊心不受损害,而自信心又不足,心理压力很大,内心常常潜藏着一种恐惧感,久而久之便形成了严重的学习焦虑。二是个性原因。性格敏感,从而产生学习焦虑。三是能力原因。少数学生,能力偏低,学习效率不高,通常难以取得好成绩。在外在压力下,他们感到自卑自责,产生焦虑。焦虑使得注意力分散,学习成绩进一步下降,从而更加焦虑和自卑,形成恶性循环,最终导致学习焦虑。

（三）学习疲劳

学习疲劳是因长时间持续进行学习,在生理、心理方面产生的劳累,致使学习效率下降,甚至头晕目眩不能继续学习的状态。学习疲劳是一种保护性抑制,经过适当的休息即可得到恢复,这是合乎生理、心理规律的,对大学生的身心发展不会造成什么影响。但是如果长期处于疲劳状态,就会导致大脑兴奋和抑制过程的失调,大学生会对学习产生厌恶和烦躁情绪,学习效率也会大大降低,严重的还会引起神经衰弱。

学习疲劳可分为生理疲劳和心理疲劳两种。生理疲劳的直接原因主要是长时间从事学习活动,不注意劳逸结合,身体和大脑得不到休息引起的,通常表现为腰酸背痛、肌肉痉挛、麻木、眼球发疼发胀、动作不准确、打瞌睡等。常见的心理疲劳,是由于长时间从事心智活动,大脑皮层兴奋区域的代谢逐步提高,消耗过程超过恢复过程,脑细胞处于抑制状态而使大脑得不到休息所引起的。疲劳的症状使感觉器官活动机能降低,注意力不集中,思维迟钝,情绪躁动、忧郁、厌烦、易怒,学习效率下降。学习疲劳中,心理疲劳是主要的。

造成学习疲劳的主要原因是学习方法不当,具体表现在:学习时过分紧张,注意力高度集中;持久的积极思维和记忆;学习内容单调乏味;学习兴趣缺乏;在异常的气温、湿度、噪声和光线不足等环境下学习;睡眠不足等等。

（四）注意力障碍

注意力是将人的心理活动指向和集中于某种事物的能力,它是人类各种活动的基础。我们生活的环境中充斥着各种信息刺激,但一个人同时注意几件事的能力极为有限,只有高度专注才能高效率的学习、工作。有人做过这样的实验:被试者在注意力高度集中时背课文,只需要读9遍就能达到背诵的程度;而同样的课文,在注意力分散时,竟然读了100遍才能记住。可见,注意力是获得知识的重要心理特征及其必要前提,注意力与大学生的学习密切相关,注意力障碍会直接导致学习效率降低,学习成绩下降。

大学生学习时注意力障碍的表现有:容易分神,总是想一些和学习无关的事情,思维远离当前的学习活动,且不易收回;易受外界无关刺激的干扰,偏离当前学习活动;目光游移不定,无关动作增多,不知自己在想什么,也不知老师在讲什么,始终无法把注意力集中在学习上;注意力维持时间很短,学习效率低,花费大量时间学习,却进展缓慢。

造成大学生学习时注意力障碍的原因有:学生学习动机不强,不清楚学习的意义,没有学习兴趣和欲望,甚至厌烦学习,故无法专注于学习活动;学生情绪因素的影响,紧张、焦虑、烦躁等情绪都会引起注意力障碍,当一个人处在心情沉闷、心绪烦乱的时候,是很难集中注意力的;意志品质不佳,自制力差、缺乏恒心、好冲动等都会造成学习注意力不集中;身体不适,人在病中或非常疲倦的情况下,注意力常常是很难集中的,另外,大脑生理创伤更有可能引发注意力障碍;外界环境的干扰也是致使注意力分散的因素,如噪音使人感到烦躁,注意力不集中。

第三节　培养健康的学习心理,提高学习能力

"21世纪的文盲不是不识字的人,而是没有学会学习的人。"——联合国教科文组织报告。当今时代,知识更新的速度异常迅猛,大学生只有明确学习的动机,培养学习的兴趣,树立终身求知的理念,学会如何学习的能力,才能有效适应飞速发展的信息社会。学会学习,是当今时代的总体要求,也是大学学习的实质所在。因为,人才如同资产一样,也是有损耗的,人才的这种损耗被称为人才无形损耗。根据国外资料统计,大学生毕业一年后,其在校所学的知识大约老化15%,5年后老化50%～70%,也就是说普通大学毕业生应在8～10年时间内将全部知识更新。随着知识更新速度的加快,大量的知识需要在实际工作中不断学习和掌握。可见大学生的学习,不仅仅是为了获得知识本身,更重要的是获得一种认识世界的手段和能力。在大学里,不仅仅要成为一名学习好的学生,更要

成为一名会学习的人。下面我们来谈谈如何培养健康的学习心理,提高学习能力。

一、建立适当的学习动机

动机在人的一切心理活动中有着最为重要的功能,它是引起行为活动的直接机制。没有动机,人的行为就失去了动力源泉。人的一切活动都是受一定的动机支配的,我们的学习也是如此。可见,建立适当的学习动机,是大学学习的关键所在。

(一)确立学习目标

在不远的未来,你希望自己成为销售、会计、造价师,还是其他什么人呢?你想成为什么样的人,就是你要努力的方向!很多情况下,大学生缺乏学习的积极性和主动性,是因为不知道学什么,为什么学和怎样学,即没有明确的学习目标。有研究表明,没有学习的具体目标的学生,很难充分发挥其学习的积极主动性,而当明确了学习的具体目标后,就会产生一种强烈的学习意向,推动其积极、主动地进行学习。哈佛大学有一个关于目标对人生影响的跟踪调查,对象是一群智力、学历、环境等各方面都差不多的人。调查结果发现,27%的人没有目标,60%的人有较模糊的目标,10%的人有清晰而短期的目标,只有3%的人有清晰而长期的目标。25年的跟踪结果显示:那些有清晰和长期的目标的人,一直都不曾更改过目标,他们朝着目标不懈努力,25年后他们几乎都成为社会各界的顶尖人士;那些有清晰和短期的目标的人,大都生活在社会的中上层,短期的目标不断地被达成,生活状态稳步上升;而那些有较模糊的目标人,几乎都生活在社会的中下层,他们能够安稳地生活与工作,但似乎都没什么特别的成就;最后,那些没有目标的人,几乎都生活在社会的最底层,25年来生活过得不如意,常常失业,靠社会救济,并常常抱怨他人、抱怨社会。可见,目标对人生有着巨大的导向性作用。成功在一开始,仅仅就是一个选择。你选择什么样的目标,就会有什么样的成就,有什么样的人生。这就是设定目标的力量。

大学生学习目标的设置一定要适当,要符合自身实际,既不能过高,也不能过低,过高达不到,容易丧失信心,过低不费力就能实现,起不到自我激励作用。此外,还要善于根据情况的变化来适当调整目标。

（二）激发和培养学习兴趣

孔子曰："知之者不如好之者，好之者不如乐之者。"（《雍也》）兴趣是个人在探究某一事物或从事某项活动中表现出的积极情感和良好的心理倾向，这种探究和活动往往伴有满意和愉快的体验。大学生需要对自己所学的专业、课程感兴趣，才能推动他们积极地去进行研究和探索学习任务，并在探索的过程中获得更大的愉悦感和满足感。兴趣之所以被称为"最好的老师"，是因为它不仅能够提高学生的学习效率，还能够提高学生学习时的耐挫折能力。

心理学认为，认识是情感的基础。对于某一事物或某项活动的积极情感源于对该事物或活动的深入的了解，我们很难想象，一个人对根本没接触过的事物会产生兴趣。以课程教学为例，大学生如果想要对某一门课程的学习产生兴趣，就需要努力去感受这门课程能给自己带来的愉悦感。首先，在学习这门课程之前，就应该先了解一下这门课程。每门课程都有其独特魅力，例如有些课程趣味性较强，学习起来很有意思；有些课程富有哲理，能给人带来启发和智慧；还有些课程贴近生活，学习后能被用来解决实际问题，做到"学以致用"。通过这些课程的学习应用能让大学生体验到成功的喜悦和学习的快乐，使他们产生一种内在的动力，从而引导他们进一步学好自己的专业、课程。

（三）明确学习的责任

进入大学的学生基本都已成年，作为一个成年人你的未来不仅仅要考虑自己，还要考虑对父母、家人以至社会应尽的责任。努力学习是每个大学生在校期间应尽的责任。在这个阶段，每个人都要为自己未来有可能从事的职业打下扎实的专业基础知识，不仅要学会在实践中丰富自己的知识、提高自己的动手能力，还要不断地了解专业的最新发展动态。大学生要珍惜自己的大学生活，正确认识学习的目的和意义，真正地把学习当作自己强烈的责任感和使命感，不要虚度光阴。以积极的心态对待学习，特别是在学习中遇到挫折与困难时，要用自身的意志去战胜惰性。

（四）学会正确的归因

归因，即人们对导致自己行为原因的解释。美国认知心理学家韦纳提出了"六因素，三维度"的归因理论（见表4-2），他认为能力、努力、任务难度、运气、身心状况和外界环境是人们解释行为成败的六个因素，同时这六个因素可以从控制点(因素来源)、稳定性和可控性三个维度进行分类,而人们对自己行为成败的解释会对人们以后的行为产生重大的影响。如通常将自己学不好的原因归咎于个人能力、教师教的好坏等不可控因素的学生,会认为失败无法避免和改变,学习易失去信心,失去学习的动力,从而降低学习效率;若归咎于自己的努力不够这一可控因素的学生,会认为只要变得更努力就有机会成功,这样的归因会增强其学习动机,并能够进一步增强其努力行为的坚持性。因此,大学生要学会对自己的学习行为进行正确的归因,从而保持和激发自己的学习动机。

表 4-2　常见归因方式一览

维度 因素	控制点	稳定性	可控性
能力	内部	稳定	内部不可控
努力		不稳定	内部可控
身心状况		不稳定	内部不可控
任务难度	外部	稳定	外部不可控
运气		不稳定	外部不可控
外界环境		不稳定	外部不可控

二、掌握科学的学习方法,提高学习效率

(一) 有效制订学习计划,分解学习目标

学习时要合理制订学习计划。学习目标有长期和短期之分,长期的学习目标是建立在社会需要基础之上的,短期学习目标是与学习的具体活动或具体教学要求相联系的。大学生在学习过程中,既要有长远的明确目标,又要有短期具体的学习目标,后者是有效完成学习任务,从而成功地达到远大学习目标的关键。把远期目标分解为短期的小目标,更有利于实现远大的目标。不要停留在每天对自己说"我今天要努力学习",而是要对自己说"我今天要做好下面几件事,分别是……"让自己的目标具体化,并让自己知道这个明确而具体的目标是怎样达到的,这对每一个大学生来说非常有意义。在每个小目标和计划完成以

后,可以给自己一些奖励,使自己有更大的动力去完成接下来的计划。

下面介绍一下耶鲁大学的目标设定方法,供大家学习时参考,具体步骤如下:①先拟出期望达到的目标,目标根据自己的实际情况可大可小。②列出达到目标的好处,如加强自己的专业知识和技能,可以提升自己的职场竞争力等等,这些是我们坚持下去的强心剂。③列出可能阻碍达到目标的障碍点,以便在遇到问题时能从容不迫的克服。④列出所需信息,如需要哪些知识、协助、训练等,有充足的资源作为目标实现的支撑力,我们执行起来才会更有把握。⑤列出寻求支持的对象。有时光凭自己一个人的能力是很难实现目标的,这时就需要我们敢于寻求他人的帮助。⑥制订行动计划。针对已有目标,我们要学会把一个大目标分成多个小目标和步骤去执行,在小目标完成时可以奖励一下自己作为激励,这样做可以帮助我们更有信心地坚持下去。⑦制定达到目标的期限,即限制学习任务完成的时间,这是克服惰性和拖延症的最佳方法。事实证明,切实可行的学习计划,能使学习活动井井有条,忙而不乱,有助于提高大学生的学习兴趣和学习效果。

(二)学会科学用脑

学习实际上是一种极其繁重的脑力劳动,其辛苦程度完全不亚于体力劳动,很多大学生在学习时都会感到疲劳。大学生在学习过程中要注意保护大脑,按照大脑活动的规律合理用脑,使其处于最佳的学习状态,最大限度地发挥大脑的功能。

(1)充分利用自己独特的"黄金时间"进行学习。同时,要养成在固定的时间进行学习的习惯。我们的学习活动是有周期性的,如果能合理地利用自己的生物钟,在脑细胞处于兴奋状态时去从事较困难的学习任务,而在脑细胞处于抑制状态时去完成较容易的学习任务,那么就能大大地提高学习效率。

(2)学会休息。休息主要有两种方式:消极休息和积极休息。消极休息是指一般的静态休息,其方式主要就是睡眠或闭目养神;而改换不同的工作或活动以消除疲劳,称为积极休息或动态休息。对学习而言,充足的静态休息是必要的,美国心理学家拉斯勒特的实验证明,每晚减少 1/3 的睡眠时间,连续 5 天后,智力测试成绩要降低 15% 左右。然而,积极休息又是消极休息所不能替代的。积极休息对于消除疲劳,尤其是对消除大脑疲劳效果更好。可见,大学生一是晚上要按时睡觉,保证充足的睡眠和睡眠质量;二是要善于积极休息,把脑力活动和体力活动相结合,以便能更好地调节脑的机能展开学习活动。

(3)合理转换学习内容。大脑皮层功能定位学说告诉我们,要使大脑皮层各个区域经常交换着工作,以防止某一区域的脑细胞疲劳。因此不同性质的学习内容互相轮换,可使大脑皮层保持较长时间的工作能力,并达到事半功倍的效果,这是高效利用大脑进行学习的一个策略。如在进行计算、分析等学习活动时,适时穿插进行音乐、绘画等学习或休闲活动。

(4)注意大脑的营养。生理学研究表明,大脑所消耗的能量几乎占全身能量的20%。要想在学习时保证脑的灵敏度和持续能力,必须给予大脑足够的营养。需注意的是,不吃早饭、吸烟、喝酒等不良习惯和喜好,都会影响大脑皮层的健康,使思维活动减缓。所以,大学生一日三餐要吃饱吃好,并合理搭配膳食。

(三)注意力

人的各种感觉是智力活动的门户,但并不是任何信息都需要进入大脑,哪些信息应该进门,哪些信息谢绝入内,要靠注意力把守大门。注意力不集中的学生在学习时常会胡思乱想,及时阻止这种纷乱的思绪对于提高学习效率大有益处。大学生应有意识地锻炼意志,增强自我控制能力,使注意力高度集中且具有韧性,不受无关刺激的影响和干扰。

良好的注意力具有以下的特点:①注意的稳定性强,能长时间地把注意指向和集中于某种事物上,对疲劳和精神涣散的抵抗力高。②注意的范围大,能同时清楚地抓住客体事物的数量多。③注意的分配合理,当需要同时注意几个对象或几种活动时,注意力分配适当、合时。④注意的转移迅速,善于主动地将注意从当前不需要的事物或活动上转移到当前需要的事物或活动上来。

在学习活动中,大学生应有意识地运用多样化的刺激来保持注意的稳定性。如在课堂上仅仅是听老师讲或看板书,过于单调的刺激会让学生很快出现注意力转移,而如果学生能够将听老师讲、看板书、记笔记和积极发言结合起来,就有利于他们不断地通过刺激的转换来保持课堂的新鲜感,从而有效地保持注意力的稳定。当自主学习时,若出现注意力无法集中的情况,一种方法是听一些柔和的音乐,使大脑放松下来;另一种方法是把眼睛闭上,反复握拳、松开,使肌肉收缩,并同时对自己说"停"。如此反复数次,有助于集中注意力。

（四）创造良好的学习环境

良好的学习环境可使大学生在学习活动中身心舒畅，提高学习效果。有效学习的第一件事情就是建立适当的学习环境。这个环境应该具备以下特点：①良好的非直射灯光，避免过暗或过亮。②适宜的温度。③一张课桌或桌子，没有电脑、零食等其他东西，只有事先准备好的需要的学习材料，例如书本、白纸、钢笔或铅笔等。④一个安静的或者无干扰声音的地方。⑤最小限度的干扰场景。有的大学生在寝室里学习，但周围同学有的在上网玩游戏，有的在听音乐，有的在吃零食，这些都会导致分心，不能专心学习，如果遇到这样的情况，最好按照上述建议换一个有利于学习的环境。

（五）加强自我调适能力，学会放松

大学生需要不断加强自我调适能力，掌握有效的应对负面情绪的方式。例如放松训练，可以帮助我们保持较好的心情和学习动机，有效制定与完成学习计划，并减少外在环境对自己的影响。

放松训练是一种专门的放松技巧，可以很方便地使用。身体放松以后，就能消除或缓解焦虑以及身体不适感。而且，当身体放松时，心理也能放松。做到以下几点有助于提高放松效果：①闭上眼睛以一个舒适的姿势坐着，想象身体逐渐变得发轻和放松。②用鼻子吸气，并把注意力集中于吸气过程。呼气时，注意心理感受，并且呼吸要自然、放松。③不要担心自己能否掌握这一方法，按照自己的节奏让自己紧张和放松。练习时，分散注意力的念头可能会进入脑海里，不必担忧，顺其自然，继续注意心理感受和呼吸。④练习持续的时间就是能感到放松的时间。这一过程有的需要 2 分钟，有的需要 20 分钟。结束练习的判断标准是心理和身体感到了放松。⑤当完成练习后，闭上眼睛静静地坐一会儿，然后张开双眼。起身时，动作不要太快、太猛烈。

三、正确的学习自我评价

学习自我评价是学生对自己学习效果进行自觉的合理评价的心理活动，它是"自我的现实学习成就"与"自我的理想学习目标"的矛盾在脑中的综合表现。它是依靠自己学习活动的结果提供的反馈信息，对自己的学习活动进行自动化的调节与控制，具有自我激发功能与自控功能。具体而言，就是在学习活动结束

大学生心理健康教育（第二版）

以后,学生将会总结性的评价一下为这项学习活动所确定的学习计划与选用的学习方法实施后达到的学习效果情况,作为这次学习的反馈和下次学习的准备。

这里需要注意的是,学习成绩作为学习自我评价标准的一部分,它不能代表一切,既不能完全代表过去,也不能代表现在,更不能代表将来,它只能代表过去某段时间的学习状况,从成绩中我们看到的是自己前一段时期的学习情况,通过认真分析,发现自己在前一段学习中存在的不足,认真分析原因,寻找合适方法,及时调整自己,好的方面要继续保持和发扬,不足之处要加以避免和改正。因此,当学习成绩不太尽如人意时,大学生应该做到不怕困难和失败,增强自信心,保持适度的自尊心,降低对胜败的敏感度,保持情绪的稳定。

四、完善知识结构,注意综合能力培养

合理的知识结构指的是既有一定的专业知识,又有广博的知识面,具有职业发展实际需要的最合理、最优化的知识体系。大学生的知识结构,一定要避免知识面过窄。建立合理的知识结构并没有固定的形式,要根据个体的特点具体确定。通常,可借鉴这样一个程序:①根据准备选择的职业目标确定自己知识结构的类型。②根据组合后的知识结构的情况,决定需要补充的学习内容,进一步使之完善。③在毕业前还要根据社会和科学技术的发展,根据将从事的职业在其所属的社会组织中的具体层次进一步调整知识结构。建立合理的知识结构,没有捷径可走,大学生只有采取适合自己的科学方法,并持续不断地付出艰辛的劳动,才能建立和完善自己的知识结构,为择业和成才打下良好的基础。

当然,因为大学教育具有明显的职业定向性,大学的学习除了要掌握比较深厚的基础理论和专业知识外,还要培养研究和解决问题的能力。所以,在完善知识结构的同时,大学生还要注重创新能力、组织能力及表达能力等方面的培养,以提高自己的综合实力,为将来适应社会工作打下良好的基础。

创新能力是指个体根据一定的目的和任务,综合利用智力因素和非智力因素,积极进行创新思维对已有信息进行加工处理,产生具有独特社会意义和个人价值的新事物或新观念的能力。21世纪的大学生正处在知识迅猛发展的时代,科学技术所表现出来的信息化、网络化、数字化、社会化等深刻变化使我国高等教育的结构和体系出现了很多知识生长点和突破口,这迫使大学生的创新思维

向前所未有的广度和深度发展,单纯的掌握知识已经不能满足社会对于人才的要求,大学生必须具备较强的探索能力和创新能力,才能适应时代发展的需要。所以,大学生在校期间应不断增强自己的创新意识,运用创新性的思维方法和能力,来打破传统,解决问题。目前,各高等院校都在不断加强对大学生创新能力的培养,那种只重视大学生学习具有实用价值的知识,忽视学生创造能力的培养观念被摒弃。

组织能力是指为了有效地实现目标,灵活地运用各种方法,把各种力量合理地组织和有效地协调起来的能力。当前,我国大学生多为独生子女,缺乏一定的谦让品质,集体观念淡薄,缺乏全局、团队精神,在团队中不善于与他人开展合作,不能协调各方面的关系。但是大学生将来无论从事何种工作,想要把工作开展起来,把计划付诸实施,发挥团队的智慧和力量,没有一定的组织工作能力是不行的。事实上,具有一定组织能力的大学生也越来越受到用人单位的普遍欢迎,许多单位挑选大学生,在注重学业成绩的同时,对学生是否担任过学生干部、担任过社会工作很感兴趣。因此,在校大学生应积极参加社团活动及社会实践,并不断增强自己的组织协调能力,以利于今后的工作。

表达能力是指人们以语言或其他方式展示自己思想感情的能力,主要包括口头表达能力和书面表达能力。口头表达能力,也就是口才,就是将自己的思想、观点、意见、建议运用最流畅、最有效的表达方式传递给听者,从而对听者产生最理想的影响效果的一种能力。书面表达能力,就是将自己的实践经验和决策思想,运用文字表达方式,使其系统化、科学化、条理化的一种能力。对一名大学生来说,表达能力在将来的工作岗位上是极为重要的。因此,大学生在校期间要加强锻炼,不断提高表达能力。要多读书,以增强自己表达思想的深刻性、观点的新颖性、内容的丰富性;要多实践,以培养自己思路的敏捷性,表达的条理性、准确性和生动性。

第五章

黄金法则:大学生的人际关系

【情景导入】

一心想要改变的小h

小h是大一学生,因为高中时人际关系并不是多好,所以下决心,到了新的环境里要和每个人都处好关系,成为大家都喜欢的人。因此小h在不同场合之下总是会留意大家对自己说的话或者做的事情的态度,一旦发现对方的神色发生变化,就会很紧张,回忆自己是不是做错什么。

慢慢地,小h变得越来越敏感,在人际交往时特别容易紧张,生怕自己哪一点没有做好而被大家不喜欢。其实,周围的同学对小h的评价也并未像小h预想的那样,反而觉得小h比较闷,做事情有点畏首畏尾,并不是十分喜欢和小h交往。

小h也对自己的人际关系状况十分不满意,他非常焦虑甚至恐惧,但不知如何入手改善现状。他自己也纳闷:我究竟有什么问题?

困惑的小w

小w进入大学后是第一次住校。军训期间大家作息时间相似,加上刚住校的新鲜感让小 w 觉得集体住宿也很有趣。军训结束之后，每个人的作息时间和生活习惯慢慢呈现出来，小 w 发现和宿舍的同学相处真的很不容易。

虽然学校规定 22:30 熄灯，但是熄灯之后，宿舍当中依旧很热闹，有的同学还在和朋友视频，有的同学游戏进行得正热烈，有的同学倒是很快进入睡眠，但是呼噜声超级大，耳塞已经阻挡不了声音的脚步。

虽然知道要彼此之间多包容，但是小 w 有时还是忍不住和同学发生争执，有时会为一件小事争得面红耳赤，这样的人际关系不仅影响着他的生活状况，也影响着他的学习和自信心。他很纳闷，为什么之前还好好的，现在宿舍中的关系却越来越紧张？

第一节　人际关系概述

一个人的痛苦和不幸常常与人际交往的不成功有关。当人际关系和谐、融洽时，它会给人以愉快、充实、幸福、成功、欢乐，并能充分调动起人的积极性；而当人际关系紧张、失调时，它又会给人带来烦恼、痛苦、失望、忧伤和阴影。比如，部分大学生情绪低落，注意力不集中，学习成绩明显下降，原因之一是令人烦恼的人际关系造成的；有的大学生不愿参加集体活动，其真实原因可能是他感到自己缺乏影响力，或者是社交经验缺乏，或者是对集体中某些人不满的缘故；有的大学生对别人不信任，认为周围的人都爱议论他、妒忌他，其原因可能是与同学发生了矛盾造成的；有的大学生失恋是因为不懂得与异性交往的尺度；等等。

我国著名的心理学家丁瓒先生曾指出：人类的心理适应主要是对人际关系的适应，所有人类的心理病态主要是由于人际关系的失调而引起。调查表明，大学生人际失调是造成注意力不集中、焦虑、失眠、健忘等心理问题的主要原因之一。人际关系从一个侧面反映了一个人的心理健康和心理适应状况。建立和谐的人际关系对于在校以及即将走上工作岗位的大学生来说，有着十分重要的意义。根据美国哈佛大学有关调查的结论，获得事业成功85%的原因在于有良好的人际关系，15%取决于个人的技术、能力、经验。因此，和谐的人际关系，犹如空气之于人，水之于鱼一样重要。

一、什么是人际关系

从古至今，人类的历史就是一部人际关系史。我国古代教育家孔子很早就有了自己的人际关系理论。他认为人类的人际关系核心是"仁"，主张"爱人""博施济众""推己及人"。孔子认为："己欲立而立人，己欲达而达人。"如果要想自己站得住，也要帮别人站得住；要想自己事事行得通，也要帮助别人事事行得通。

通常所说的人际关系是指人与人之间由于直接交往所带来的情感联系，是人与人之间的心理上的关系和心理上的距离，是以一定的群体为背景，在相互交往的基础上,经过认识调节、感情体验、行为交往等手段而形成的,是人们长期交往的结果。日常生活中,人与人之间由于所处的社会地位和所负担的社会角色的不同而形成的社会角色关系,也被称作人际关系,如师生关系、上下级关系、夫妻关系、亲子关系、朋友关系等。人际关系对大学生的知识的掌握、能力的提高、心理的健全、品德的修养、社会意识的增强等都有着极其重要的作用。

人际交往的心理因素包括认知、动机、情感、态度和行为等。认知是人际交往的前提。人与人的交往首先是从感知、识别、理解开始的,彼此之间不相认识、毫无所知,就不可能建立人际交往。动机在人际交往中有着引发、指向和强化功能。人与人的交往总是缘于某种需要、愿望或诱因,无缘无故、彼此没有需要是不可能建立起真正人际交往的。情感是人际交往的重要调节因素。人们在交往过程中总是伴随着一定的情感体验,如满意或不满意、喜爱或厌恶等,人们正是根据自身情感体验,不断调整人际交往。态度在人际交往中具有重要意义。人们在交往中无时无刻不觉察到别人的态度,也无时无刻不对别人表现出某种态度,态度如何直接影响人际关系的建立、形成和发展。行为是人际交往的手段。在人际交往中,不论是认知因素、动机因素,还是情感因素、态度因素,都要通过行为,即言谈举止、表情姿势等外部动作表现出来。

二、大学生人际关系面面观

通过人际交往而形成的人际关系,按其形成基础可以分为三类。一是血缘关系。即父母与子女的关系,兄弟姐妹之间的关系以及由此而衍生出来的亲戚关系。人一生约有2/3的时间在家庭中度过,处理好家庭中的人际关系事关重大。二是地缘关系。这是由于居住在共同的地区而产生的人际关系,如老乡关系、邻里关系等。这种关系虽然缺乏血缘关系的自然纽带,但是,一种由乡土观念连接起来的心理上的纽带,其作用范围比血缘关系还要广。三是业缘关系。即由于共同的事业或兴趣爱好而结成的人际关系,如师生关系、同学关系、同事关系、经营关系等。这种关系打破了血缘和地缘的界限,而以事业和志趣作为连接的纽带,其密切程度视事业、志趣的性质和人们对这种性质的理解程度而定。

大学是一个浓缩的"小"社会,存在着形态各异的人际关系。无论是绚丽多彩的校园生活,使自己有机会投身社团、开展社会实践,还是随着自我意识的增强和社会经验的丰富，使自己开始有意识、有能力关注自己与他人的交往，人际关系状况毫无例外地为大学生的生活确定了色彩的基调。大学生人际关系主要的表现形式有以下几种。

（一）同学关系

同学关系主要是指作为正式群体的班级和学院内部的学生之间的关系。这种关系以专业学习为基础，是大学生最重要、最基本、最稳定的人际关系之一。大学生尤为重视同学关系，更愿意以同学的行为作为参照标准，更在意同学对自己的评价，更看重同学的肯定和认可。多数大学生远离家庭离开父母的庇护，来到一个崭新的环境，首先需要的是自己的归属感。随着大学生的自我成长，特别是在青春期，被同龄人和被身边的团体所接纳是归属感的重要满足。大学生在人际交往中更注重情感成分，希望把同学关系发展成朋友关系，多交朋友，不管是一般的朋友还是知心朋友，这样在自己遇到困难和挫折时会有强大的社会支持系统。

在同学关系中，竞争和友谊是相伴而行的，因此要学会在竞争中发展友谊，在友谊中促进竞争。同学间的竞争显示出大学生奋发进取、积极向上的精神面貌，是前进的推动力，它使大学生活充满生机。友谊是一种特殊的人际关系，它作为人类古老而美好的情怀，是连接大学生心灵的纽带，是大学生情感生活的重要组成部分。友谊，能促使大学生在专业、学业上互相交流互相帮助，品德上相互激励，思想上相互启迪。萧伯纳曾说过："如果你有一个苹果，我有一个苹果，彼此交换，我们每个人仍只有一个苹果；如果你有一种思想，我有一种思想，彼此交换，我们每一个人就有了两种思想。"

在同学关系中，寝室关系是时空充分接近的人际关系，也是纠纷、矛盾相对集中的人际关系。个体的行为习惯、人格特征在同室关系中彻底呈现出来，在这些方面存在较大差异的同学之间就不可避免地产生矛盾和紧张。迟睡或早起的学生与入睡困难的学生之间，乱放杂物的学生与很爱整洁的学生之间，要午休与不午休的学生之间，喜欢热闹气氛的学生与喜欢安静环境的学生之间，说话幽默的学生与说话严肃的学生之间，均可能相互误解、讨厌、反感和敌视。另外，与非本班、非本系学生合住的个体，也常常抱怨同室关系麻烦。

（二）师生关系

由于学校是以教学为主，所以师生交往是学校人际交往网络中一对最基本、最经常、最重要的关系。教师是知识的传授者，是大学生人格模仿的对象。大学生知识的需求和获取必须通过与教师的交往才能实现；大学生思想品德的形成可能与教师的密切交往相关。师生交往是一种纵向人际交往。在交往过程中，教师与学生的地位是不同的，教师作为教育者、管理者，并在一定意义上作为领导者身份与学生交往；大学生则处于受教育、受管理的地位。教师对学生必须严格要求，严格管理；学生必须接受教育、服从管理。同时，师生交往又是一种横向的人际交往。师生交往形成的是一种业缘关系，师生之间心理距离小，相容程度高，教师对学生充满着关怀、爱护，学生对教师有着尊敬和爱戴，师生交往形成的是一种最无私、最纯洁的人际关系。应当说，教师与学生之间是很容易建立一种"良师益友"关系的。但是，由于高校教育的特点，大学教师与学生的接触不像中小学那样频繁，课外时间师生交往不多。从交往内容看，往往仅限于传授知识，交往内容比较狭窄；从交往过程来看，交流性比较小，往往是教师讲得多，学生听得多；尤其是师生间缺乏情感交流，这就不利于建立融洽的师生关系。因此，必须加强师生交往的交流性和交往内容的多样性。一方面，教师要不断改进教学方法，在教学中加强与学生联系，课外时间要多到学生中间去，经常保持与大学生的直接联系；另一方面，学生消除羞怯与惧怕心理，积极主动地与教师经常交往。

（三）朋友关系

这类人际关系超越了同学关系或同室关系，可以是同性朋友，也可能是异性朋友。大学生的朋友关系是那些有共同志向、意趣、爱好，关键时候可以提供更大更切实帮助的个体之间的关系。正如通常所理解的，朋友对个体的影响可以超过家长或教师的作用。在时空过分接近的情况下，朋友之间如果过于亲密，也可能产生有害的人际关系，使个体失去人身自由和个性独立，形成无法摆脱的人际束缚和人际张力。大学生往往存在理想化的朋友观念，认为朋友就应该是亲密无间的，绝对以双方的利益为重，这是人际期望的表现之一。实际上，保持适度的时空距离有利于大学生朋友关系的巩固和发展。不过，随着时空距离的增大，朋友关系也倾向于淡漠。

1. 同性交往

同性同学的交往，是大学生性别认同需要的体现。在交往中，个体可以获得适应自身发展的诸多信息，设计特定的知识和技能；在交流和沟通过程中，个体认识、评价自身，设计特定的知识和技能；在交流和沟通过程中，个体认识、评价自身，使心身不断发展和变化。不过，也可能出现的是，大学生在这类交往中体验到自身的劣势，从而不再愿意主动交往。这是其人际安全得不到保障的结果。比如，有的大学生乐于与异性交往，却难以与同性沟通，根本原因就是在同性面前他（或她）体验不到自身的价值，在异性面前却可以尽情发挥。

2. 异性交往

可以说，大学生都有与异性交往的强烈愿望和真实需要，能够轻松自然地同异性交往是一个大学生人际关系能力的重要体现，也是个体心理健康的重要方面。大学生经常主诉的交往问题就是指与异性之间的交往障碍。在人际交往中存在性别效应，尤其突出的是个体格外看重自己在异性心目中的形象，所以，自己的缺点或弱项可以在同性面前暴露，却不能在异性面前暴露，甚至不惜为了保全面子而避免或减少与异性的接触和交流。异性交往，还会有意或者无意地联想到彼此之间可否发展成恋人关系，从而更加添加了心理负担，使正常的异性交往变得各怀心事、别别扭扭。

（四）亲子关系

父母是孩子最先接触到的人际关系，与父母的关系会关系到每个人的一生。父母是孩子交往学习的第一任老师，在与父母的交往中，个体同时学会了如何同异性交往。家庭成员之间的人际互动的心理态度和行为方式，对子女产生潜移默化的影响，决定其对人际关系问题最基本的价值取向，直接影响与他人交往中的行为反应模式。

根据调查研究，把孩子与父母关系划分为三个阶段：

（1）绝对依赖阶段。在这个阶段，父母是孩子心中的绝对榜样，是孩子崇拜的主要对象，孩子会按父母的要求去做每一件事情。

（2）相对独立阶段。孩子对父母的感情由过去的一味依赖顺从，开始变为要求自立平等，要求重新协调与父母的关系。在情感上与父母不如以前亲切了，开始挑剔父母，顶撞父母，力图摆脱对父母的依赖。虽然孩子想摆脱来自父母的束缚,但是对独立行动还缺乏信心,孩子往往在独立与依赖、反抗与自责之间波动。

(3)开始成熟阶段。这一时期是孩子世界观形成的重要时期。世界观是人们对自然、社会和人生问题的总的根本性观点,这是青年心理发展成熟的标志。同样,价值观日益明确具体,对事情取舍与否有了自己的看法。在持久冲突后,父母往往会逐渐承认其独立地位,但父母的影响仍起作用。

大学生正处于第二阶段向第三阶段过渡的时期。上大学就像牵着线的风筝,虽然远离了自己的父母,但却以各种方式在与父母保持着复杂和极具情感色彩的关系,而与父母的关系不同程度地影响着大学生的自我成长。在与父母的关系上,可以感受到许多学生的矛盾心理。一些同学觉得上了大学就像脱了缰的马,认为父母再也不能管自己了,觉得可以自由自在地在社会上驰骋。但是由于经济上还离不开父母,同时,父母是他们重要的社会支持系统,因此,尽管大学生远离家庭,不管在物质上还是心理上仍脱离不开与父母的关系。

(五)网络中的人际关系

大学生是网络应用最充分的群体,网络为大学生提供了广阔的人际交往平台,相当一部分大学生选择了通过网络来找朋友,也就是寻找自己的"网友"。大学生为何迷恋网上聊天?"找个说心里话的人",一部分大学生这么说。网络交往在某种程度上掩盖了真实的自我。另一方面,网络交往也促使大学生流露了真实的自我。因为空间距离的存在,更因为网络本身的虚拟性,在网上可以自由填写注册信息,很多人在网络交往中都给自己戴上一副面具。正因为个人信息是假的,人们在网上可以畅所欲言,说出自己在现实生活中想说而不敢说的话,在某种程度上流露了真实的自我。因此,如果长时间处于网上的虚拟人格与真实人格之间的冲突之中,也会使大学生对自己的角色认同发生混乱,弄不清楚到底什么时候是真实的自我,什么时候是虚拟的自我,造成双重人格甚至多重人格。

网络毕竟只是虚拟的交流空间,网络交往不能替代现实交往。部分大学生过于关注网络交往,反而忽视了现实生活。例如有的同学遇到问题时"舍近求远"、上网求助,在一定程度上导致自我封闭,降低了与周围群体交往的能力。这就是说,尽管现代交往方式方便、快捷、简便,但是对于那些不善交往的人来说,以这样的方式更容易与他人建立联系，这也为他们制造了回避人际接触的理由。

三、大学生人际交往的意义

人际交往是大学生健康成长的基本条件。一个人的成长、发展、成功、成才都是在人际交往中完成的。一个人的喜怒哀乐也都与人际关系有关。美国人本主义心理学家马斯洛认为，人人都具有这样一种基本需要：需要归属于一定的社会团体，需要得到他人的爱与尊重。这些社会需要是与吃饭穿衣等生理需要同等重要的不可缺失性的需要，否则，将使人丧失安全感，进而影响心理健康。

大学是人生发展的重要阶段。一方面，大学生离开家庭，需要独立面对新的生活和环境，需要独立面对挫折和挑战；另一方面，大学生正处于特殊的生理心理发展阶段，是从幼稚走向成熟的过渡期，情绪不稳定，易产生心理矛盾，往往更加渴望和谐的人际关系。所以，人际交往对于大学生的成长、发展和成才就像雨露阳光一样重要。

（一）人际交往：社会角色行为的学习

当你在家的时候，你可能扮演着"孩子"或兄弟姐妹的角色。当你在学校的时候，你是"学生"的角色。当你在公司做兼职的时候，你是"职员"的角色。还有在其他的时候，你是一名"最好的朋友"或"恋人"。通常情况下，你可能没有特别意识到角色的形成以及转换。那么这个社会角色是如何形成的？

婴儿只会吃、睡、啼，全靠大人细心照料。随着时间的进展，在大人们的帮助下，逐步学会了爬、走、吃、穿、说话以及与人交往，并掌握了社会生活的准则，他就由一个自然人变成了一个社会人。这个过程叫做社会化。人只有生活在一定的人际关系中成为社会化的个体，才能具有完整的人格和品行，才能学习社会角色行为。社会化的目的是获得社会角色。每个人都处在角色网络之中，都要进行人际交往。一个人的言行如果和自己的社会角色不符，在社会生活中将很难被人接纳。

（二）人际交往：心理健康之源

离开了人群的人，就会变成一只野兽。为了生存和发展，一个社会人不仅要合群，还需要通过人际交往去满足身心健康的需要。

有一个这样的实验，你愿意参加吗？

每天给你100元钱，让你一个人待在一间房子里。这个房间没有窗户，只有一盏油灯、一张床、一把椅子、一张桌子以及洗漱设备，没有钟表、电话、收音机、电视机、书包、笔纸。传送带按时给你送饭，你看不见一个人。请问你能待多久？这个实验叫"剥夺"实验，即剥夺你与人交往的权利。短时间你也许可以睡觉、思考问题，等等。长此下去，每天给你200元你大概也很难待下去。最初阶段会使人感到恐怖、害怕、焦虑……以后这种感觉会消失，接着出现一段平静的适应期，再以后，这种孤独和隔离不仅破坏了一个人应付日常交往的能力，还会使人心理变态以致精神崩溃。

人是社会性动物，其自我意识和各种智能都是社会性的产物。人只有置身于人际环境中，通过社会获得支持性的信息，才能不断地修正和发展。心理学家曾从各个不同的角度做了大量研究，结果都证明：心理健康水平越高即个性越健康，与人交往越积极主动，其人际关系也越融洽，越符合社会的期望，其工作绩效也越大。美国人本主义心理学家马斯洛发现，心理健康水平高的"自我实现者"，都可以很好地接纳别人，同别人的关系也比一般人要深刻。他们对别人有更强烈、更深刻的友谊和更崇高的爱。如果建立了良好的人际关系，就会产生心理安全感，对人更加信任、宽容。具有归属感的人更容易从朋友那里得到理解和支持，特别是情绪不好的时候，有人倾诉对于心理健康有积极作用。爱的获得与给予，更是离不开人际交往。

（三）人际交往：信息交流与互补

人际交往包括人们之间的一切互动过程，其中信息沟通是重要内容，即人与人之间诸如情感、意向、思想、价值等方面的理解与沟通，人与人之间的接触与交往，不仅仅是相互间的关系，而且更重要的是信息的交流。个人对客观世界的认识、兴趣、经验和体会，往往在交往中自觉或不自觉地流露和表达出来，并传递给周围的人。在当今的信息时代，特别是大学生在交往过程中所得到的信息，对其学习、生活都会起到积极的作用，交往中形成良好的心理共振，可以产生激励作用，使同学间彼此团结，培养健康的情绪，养成文明的习惯，把精力放在学业上，共同进步。显然，一个不善于开放心扉、不善于交往的人，不但难以适应复杂多变的现代社会,不能通过人际交往获取和占有信息,得到他人的理解和支持,也难以在激烈的竞争中取胜。所以,人际交往能力成为现代人才必备的重要素质。

（四）人际交往：品质和经验的获得

一个人的心理品质是在人际交往中形成、巩固、强化起来的,一个人的交往能力和技巧同样是在与人交往中学习和发展起来的。人际交往是一门很复杂、很重要的学问和修养。不论你将来从事什么职业,都必须和人打交道。在与人的交往中,学会了为人处世的学问。在现实生活中,我们常常看到,大学生之间人际关系处理得好,人际交往和谐的团队,对这个团队中的成员一定会起到一种向心的作用,产生积极向上的影响,而且每个成员在人际互动中学会了相互的理解、接纳和包容。这些经验的取得对大学生将来就业、发展以及成功影响深远。

另外,情绪智商(EQ)的五大因素,即自我了解、自我激励、自我控制、了解他人的情绪和人际关系,没有一项不是通过人际交往而获得的。可见,通过人际交往也可以提高一个人的情绪智商。

（五）人际交往：自我完善的一面镜子

人际交往是个体社会化的程序,也是自我认知、自我评价的必经之路。个体与他人交往中认识自我现象,从与他人比较中认识自我,这就是我们常说的"以人为镜"。

在人际交往中怎样"以人为镜"是自我完善的关键。"以人为镜"是建立在人际知觉基础上的,人际知觉需要会倾听、会观察、会分析、会判断,从而得知自己的言行之影响,自己在别人心目中的形象,继而调节自己的言行,修塑自己的人格。

心理学家曾经做过这样的实验:将一只猴子置于不锈钢的房子里,温度、空气流通、清洗和喂养等一切工作都是自动化的,即隔绝了猴子的一切交往活动。通过一段时间的社会剥夺研究发现,被隔绝交往的猴子远比正常交往的猴子恐惧反应强烈,他们在情绪和交往行为上受到了损害,精神已不健全。有人研究生活在孤儿院的儿童,发现他们缺乏良好的沟通机会,得不到正常儿童应得的爱抚刺激,不仅在智力(尤其是语言)的发展上低于同龄正常儿童,而且社会交往能力更差。他们或是对人冷漠,缺乏交往愿望和能力,或是表现为情感饥饿,强烈地需要他人爱抚的补偿。人际交往只能从交往中获得。

第二节　大学生人际交往的特点及问题

处于青年期的大学生,思想活跃,精力充沛,兴趣广泛,人际交往的需要极为强烈。他们力图通过人际交往去认识世界,获得友谊,满足自己物质上和精神上的各种需要。有人对大学生的人际交往状况做了调查,结果发现,虽然多数学生(60.0%)人际交往能力良好,人际关系融洽,能与周围同学和睦相处,但也有部分学生(12.2%)人际交往能力较差,人际关系不良,有的甚至存在严重的交往障碍,身心受损,产生各种不良后果,这在大学生中极为常见。

一、大学生人际交往的特点

(一)交往愿望强烈

在一项调查中,占总数94%的大学生希望自己有良好的人际关系和人际环境,他们已自觉意识到了良好的人际关系对于学习和生活的重要性,他们不愿意把自己封闭在一个狭小的个人小圈子里,而是迫切希望能够建立良好的人际关系。但是,并不是所有的大学生都能实现自己的愿望。调查中发现,有15.7%的大学生经常为人际关系不好而苦恼,有55.7%的大学生有时为人际关系不好而苦恼,另有41%的大学生承认自己有孤独感。这种愿望与实际的矛盾,往往使大学生陷于深深的痛苦之中,所以有许多大学生感到,在大学中人际关系往往比中学更难以处理。

(二)交往对象单一

大学生的活动主要在校园里展开,而大学校园是一个相对封闭的亚社会。这种封闭性决定了他们交往对象的单一性。他们远离家乡和亲人,与他们朝夕相处的是老师和同学,而且主要是同宿舍、同班级、同系的同学和老师,交往范围广一点的可能还有老乡、校友或社团成员。但总的来说,大多数的交往对象不会超越校园围墙。

（三）感情色彩浓厚

大学生的人际交往极富感情色彩，讲究亲情和情投意合。当代大学生人际交往出现了亲情化和家庭化趋势。几乎每个宿舍的大学生都按年龄进行排行，像一个家庭中的孩子一样，谁是大哥，谁是小弟，分得很清楚，平时同学间的称呼是老大老二、大姐小妹。

（四）交往理想化

大学生的人际交往具有浓厚的理性色彩，比较纯洁、真诚。大学生正处于求知阶段，思想比较单纯，对美好未来充满向往和自信。因此，在日常交往中总是崇尚高雅，鄙视庸俗；崇尚真诚，鄙视虚伪。他们认为，朋友应该是志趣相投、相互关心、相互爱护、相互帮助、共同前进的；真正的朋友应该坦诚相见，无话不说，不应该有任何隐瞒；如果谁有什么话不明说，就觉得不够朋友，甚至有受骗上当的感觉。

（五）平等意识较强

尽管大学生来自不同的地方，有不同的家庭背景，也有着其他方面各种各样的差异，但在交往中有着较强的平等意识，追求地位上的平等。而且他们之间的相似性毕竟多于差异性，他们的年龄、社会经历、人生观念、认识能力都很接近；他们之间也没有多少利益上的冲突、没有什么等级观念，因而他们也比较容易产生平等心理，以平等的心态看待对方，能够在学习生活中相互帮助、相互关心。在师生之间，尽管有着年龄、地位和经历上的差异，但由于当代信息渠道的多样化和西方观念的深入，老师的权威性和传统的师道尊严已受到挑战。在师生交往中，教师不再高高在上，学生也不再盲目崇拜，学生和老师基本上也以平等的心态相处。

二、人际关系的绊脚石

（一）自我认知偏差对人际关系的影响

所谓自我认知，即人们对自己的认识或评价。心理健康的大学生应该能够正确客观地认识自我，评价自我，具有良好的自我观念，既不自视清高又不自轻自贱。他们自尊自信，对前途充满信心，在学习上刻苦努力，积极进取；并善于抓住机遇,敢于竞争。根据调查,多数大学生对自我认知上存在两种偏差:一是过高评价自己,妄自尊大,孤芳自赏;二是自我评价过低,妄自菲薄,忽视自我存在的价值。对自我的这两种不正确的认识都会影响人际交往。前者过分相信自己的聪明才智而恃才傲物,对不如己者不屑一顾,恶语相向,以己之长量人之短,以己之聪明衬人之笨拙;或者对别人漠然置之,不屑与人交流。正是"水至清则无鱼,人至高则无友",长此以往,人们只会避而远之,这样的人虽处于人群中却倍感孤独。后者自我贬低,看不到自我存在的价值,与人交往畏畏缩缩,倍加小心,总是看别人的眼色行事,总觉得自己低人一截,矮人三分,缺乏自信心。有些同学在公开场合不敢发言,生怕自己说错,一些集体活动唯恐躲之不及。这种对自我的贬低也必然影响同学间的正常交往。

(二)不良情绪失控影响人际关系

情绪是指人对客观事物态度的体验,常称为情感的外在表现,体现为喜、怒、哀、惧。情绪对人的行为有直接作用,其影响程度有时甚至超过理智。有些同学在产生不良情绪后,既不会恰当表达,又不能加以适当调控,而是过分地压抑,长此以往,负性情绪越积越深,困扰加重,到一定时候就像火山爆发出来,伤人害己。不良情绪的压抑和郁结,不但会给自己带来心身疾患,而且会严重破坏人际关系,给交往带来恶劣的后果。

不良情绪包括:

(1)愤怒,使人失去理智。

(2)悲伤,使人失去活力。

(3)恐惧,使人失去机会。

(4)烦躁,使人失去冷静。

(三)语言表达不当对人际关系的影响

在人际交往中,最经常使用、最基本的手段是语言,无论是陈述思想、观点,或是表达情感、愿望,都离不开语言。语言是心灵的窗口,是大学生进行相互交往、表达情感的工具。人际交往中的用语之道,首先在于出言吐语能使对方体验到尊重与平等,否则"话不投机半句多",交往兴趣立即就会消失殆尽。其次,语言表达要讲究艺术。有些同学说话夹枪带棒,敲敲打打;或者出语尖酸刻薄,言外有意;或者冷言冷语,冷嘲热讽;有的同学开口闭口"你不懂";等等。这样的表达方式常会引起别人的反感,有时还会带来口角、争执甚至导致不良后果。心理健康的大学生应该使用礼貌、和善、溢美的语言,它可以满足人们被尊重、肯定的需要,化解同学之间的误解及小恩小怨,创造和谐、舒畅的人际环境。美的语言还可以增加大学生的魅力,从而使自己广结善缘,四海皆友。

(四)不良的个性特征对人际关系的影响

个性,心理学中又称之为人格,是指在一个人身上经常地、稳定地表现出来的不同于他人的心理特点的综合,也是一个人的基本精神面貌,包括一个人的兴趣、爱好、思想、信念、世界观、性格、气质、能力等的集中体现。交往中,一个人热情、诚实、高尚、正直、友好,大家易于接受他而与之交往;相反,一个冷酷、虚伪、自私、口是心非、无中生有的人,大家就会回避他,疏远他。

不良的个性特征主要有:

(1)为人虚伪,与之交往,容易使人失去安全感。

(2)自私自利,只关注自己的需要,不关心别人的需要,甚至损人利己。

(3)不尊重别人,常常挫伤别人的自尊心。

(4)报复心强。

(5)嫉妒心强。

(6)猜疑心重,过于敏感。

(7)过于自卑或自负。

(8)孤独固执。

(9)苛求别人,总希望控制别人。

自卑者的人际关系

自卑者的自卑感是对自己不满、否定的情感,往往是自尊心屡屡受挫的结果。这类人自我认识不客观,往往只看到自我缺点而忽略了自己的长处,不喜欢自己,不能容忍自己的缺点和弱点,否定、抱怨、指责自己,看不到自己的价值,感到自己什么都不如他人,处处低人一等,从而在人际关系中将自己孤立起来。其实这是自卑者一种伤害性的自我保护,因为他们害怕在和别人的亲密关系中将自己也不能面对的内心暴露出来。他们不能深切、投入去关爱别人,实际上是他们根本不爱自己。

自卑的核心信念举例：

我很糟糕：如果让别人接近我，他们将伤害我，利用我。我必须不让人看到真实的我。

我不够好：除非我一直做得很好，否则我从生活中将得不到任何东西，如果有人批评我，这就意味着我失败了。

我长得不好：我的价值取决于我的长相和体型。

我是不受欢迎的：我必须保持高度的自我控制（回避行为）。

我是毫无价值的：只有反抗才能生存。无论我做了什么，都没人会接受我（敌对情绪）。

三、大学校园里人际关系的热点问题

（一）寝室关系

对大学生而言，宿舍的意义绝不仅仅是个睡觉的地方。大学生的宿舍人际关系是大学生人际关系的重要组成部分，而宿舍人际相处的状况往往决定着一个大学生对大学生活是否感到满意。那些处在人际氛围糟糕的宿舍生活的大学生，常常显示出压抑、敏感、自我防卫及难于合作的特点，而在同伴关系融洽的宿舍生活的大学生，心态则以欢乐、注重学习和成就、乐于与人交往和帮助别人为主流。高校心理咨询实践也表明，大学生咨询的问题有大多是人际问题，并且许多大学生面对宿舍人际关系茫然不知所措。

大学生宿舍的人际关系状况究竟如何呢？有研究（毛小玲）的调查表明，大学生宿舍的人际气氛总的说来是良好的，人际和谐性和亲融性明显高于冲突性和扰他性，而且，这种人际关系主要用以满足关心温情、安全感和归属感等情感方面需要，遵循"各尽所能，各取所需"的交往法则，彼此间表现出较多真诚行为，很少玩"人情"和"面子"。从性别差异看，同宿舍女生之间更加注重情感沟通，相互之间的理解、交往的互助性也明显强于男生，表现出宿舍人际氛围更为和谐、亲融的特点。从年级差异看，二年级大学生的宿舍人际相处最好，而三年级最差。这可能是因为经历了大学一年级学习生活的过渡期，二年级大学生开始适应了宿舍的生活，因而冲突减少，交流增多；但是临近大三，以及紧接而来的就业压力,使得大学生交往的功利性逐渐增强,导致在宿舍人际相处中,冲突性时间增多,沟通与交流减少。

处理寝室关系时要注意以下原则:

1. 要尊重他人

"己所不欲,勿施于人",只有你尊重别人,才会赢得别人对你的尊重。尊重别人就不能轻视贫困生、差生以及有生理缺陷的室友,尊重别人就应该遵守寝室的规章制度,不乱扔垃圾,不夜里看书打游戏。要学会换位思考,常想如果自己处在他人的位置上自己会怎样,自己做不到的事情,就不能强求别人做到。

2. 争取多沟通、多交流

在同一个屋檐下难免会有矛盾、有误解,不要因为大家有矛盾、有误解而放弃交流和沟通,彼此视为仇人,你不让我好过,我就不让你舒服,这样只能使矛盾更加激化,从而造成不必要的伤害。面对矛盾和误解要主动沟通、交流,主动和解,不要让误会阻隔了同学之间的友好情谊。另外,要经常参与大家的讨论与集体活动,只有这样,才能更好地了解自己和他人,消除彼此之间的误会,加强相互的理解和信任。

3. 发自内心地赞美他人

学会欣赏、赞美他人,比如:"你太棒了!""你这个发型很好看!"这种赞美的话语会给被赞扬者带来快乐,引起积极的情绪反应。情绪具有传染性,好心情会传染给周围的人,快乐可以消融人际关系的僵局,使寝室关系变得融洽。

(二)学生干部人际关系

蓝枫是大二的学生,是学生干部,学习成绩优秀,但人际关系较紧张,不仅与寝室同学相处不好,就连班上的许多同学也无法正常交往。在同学们心目中,他是一个清高、傲慢的人,虽然优秀,但对他的其他方面则不敢恭维。

蓝枫也为此很头痛,只要是他主持的活动项目,同学们似乎都有意不参加,而他本人长期坚持的做人准则就是:我行我素,也认为自己没有帮助别人的义务。他成绩好,可每当班上同学向他求教时,他要么说不知道,要么就在给别人讲完后将别人奚落一顿:"拜托你上课时认真听讲,下次不要再来问我这么简单的问题。"时间一长,同学们都不愿意同他交往。蓝枫也对自己的人际关系状况十分不满意,感到孤独、没有归属感,有时孤独感令他窒息,他焦虑甚至恐惧现状。他自己也纳闷:我究竟有什么问题?

1. 在角色定位上,处理好学生与学生干部的关系

学生干部,从字面来看,"学生"在前,"干部"在后,从现实来讲学生才是其最重要的身份角色,然后才是干部。那么,首先得有学生样儿,以学习为主,认真完成好各项学习任务,保证学习成绩,自觉遵守学校规章制度,主动融入集体,积极参加组织生活;其次还得有干部的样儿,要高标准严格要求自己,使自己在思想、学习、生活及工作等方面起到示范与带头作用,做好上传下达,发挥好师生之间的桥梁与纽带作用,加强服务意识,不搞特权、谋私利,更不能把学生干部当成做官而一味追求职位的大小和权利的多少。

2. 在社团工作中,处理好放权与管理的关系

人是离不开社会的,不能离开他人独立生存,身为学生干部要更有大局意识和团队精神。开展或组织工作活动,一般单靠学生干部的力量往往是无法做好的。更何况"光杆司令"的滋味并不好受,不放权给同事或下属的领导只会出力不讨好,美国总统艾森豪威尔就因为适时放权,赢得下属的心,又让自己活得潇洒。

3. 在行事规矩上,处理好律己与待人的关系

"言必行,行必果"是中国的千古良训,我国历来就把"两面三刀"视为小人作为。学生干部有时是被别人关注甚至仰视的,因此更应该注意自己的形象,尤其是品性修养。言行一致就是对个人品行的检阅,同时也是对其人格的担保。与同学交往应言行一致、表里如一、信守诺言。对任何朋友都要做到言必信。对于同学的要求,能做到的就答应;对于做不到的,则不可信口开河,开"空头支票"。凡事能尽力帮助解决的,应全力以赴,否则将失去自己的信誉。做事应善始善终,与同学交往也要做到行必果,说到做到,不打折扣。立下规矩,不仅是要求同学遵守,对自己也要严格要求。

4. 在荣誉利益前,处理好大我与小我的关系

每个人面对荣誉和利益,私心与贪欲难免,"势利病"是当今社会的通病。但并不是说每个人都会陷在现实利益的斤斤计较中,无法超越。作为学生干部,可以经常问问自己:我为什么要当学生干部?我为什么要做这个活动?我从中获

得了什么？我的学校、老师和同学又能从中获得什么？如果你意识到自己每一次付出、每做一件事都首先考虑这么做对自己的好处，进而无论干什么事，无论与谁交往，严密紧盯个人利益是否受到伤害，不愿吃一点小亏，那么试着在这方面做一些调整和改变，你会发现你的人际关系也会随之变化。

第三节　大学生人际关系的调适

一、人际关系的原则

大学生要改善人际关系，就必须明确人际关系的原则。从心理上讲，每个人都是天生的自我中心者，都希望别人能承认自己的价值、支持自己、接纳自己、喜欢自己。因此，在社会交往中，就更重视自我表现，有意识地吸引别人的注意，希望别人能接纳自己、喜欢自己。研究表明，人际关系的基础是人与人之间的相互重视、相互支持。对于真心接纳我们、喜欢我们的人，我们也更愿意同他们交往并建立和维持关系。了解这些原则有利于大学生更好地进行人际交往。

（一）尊重

在大学生人际交往中，尊重是一种信息，能够引发人的信任、坦诚等许多积极情感，缩短相互间的心理距离。

1. 对朋友平等相待

朋友间不应以家庭条件、父母职位、个人容貌、实际能力为标准分等级、分类别对待，应采取一视同仁、平等对待的原则，建立广泛而诚实的朋友交往关系。

2. 尊重朋友的人格

不随意暴露朋友的"隐私"，不随意取笑朋友的短处和生理缺陷，不传播有损于朋友名誉的流言蜚语，不干涉朋友的私事；尊重朋友们的兴趣、爱好，不轻易否定朋友的意见，不强行改变朋友的观点，不把个人的观点和意见强加给朋友。

3. 尊重朋友的劳动

对朋友的关照、帮助和支持应表示谢意，对朋友付出的劳动予以接受和尊重,承认朋友的劳动价值,珍惜他人的时间和精力,并能给予适当的回报。

（二）真诚

研究安德森的个性品质受欢迎程度的序列可以发现,排在最前面、受喜爱程度最高的六个个性品质,分别是真诚、诚实、理解、忠诚、可信,都或多或少同真诚有关。

真诚的行为表现之一就是学会赞赏他人。赞赏是人们普遍需要的一种心理服务,赢得对方好感的一个最简单的方式就是对其表示赞赏。美国哲学家杜威认为:"人类天性中最深刻的冲动就是'被认可为重要的欲望'。"美国人际关系学家卡耐基总结了要使别人喜欢你的原则之一就是"使别人感觉重要——并真诚地这样做"。他认为,要使别人喜欢自己,就必须要说一些好话,不是关于自己的,而是关于对方的。他说:"人类行为有一种绝对重要的定律就是永远使对方感觉重要,一种打动人心弦的切实办法就是巧妙地使对方明白,你承认他的重要,并且真诚地赞赏他。"

每个大学生都喜欢同诚实守信的人打交道。大学生在与同学和朋友的交往中,要以诚相待,说实话、办实事、做老实人;不虚情假意,不口是心非,不要小聪明,建立相互信赖的人际关系。

（三）宽容

我们的社会是一个多元化的社会,人们之间的关系越来越复杂。社会的复杂性导致大学生个性的丰富性,又必然引起大学生个体之间冲突的加剧。要与周围的人保持良好的人际关系,就必须学会求同存异,具备宽容豁达的心理品质;必须多为别人着想,做到以诚相待。

宽容,即心理相容,也就是与人相处的容纳、包含以及忍让,使得人与人之间的关系融洽。宽容实际上是一种境界,更是一种修炼。我们在追求自己个性独立的时候,应当允许其他个性、行为与生存方式的存在。当我们张开双臂时,我们才会宽容豁达,学会体察对方的心理,做到宽容。

第一,不以自己做人的标准要求朋友。允许在朋友中存在差异,不企图改变他人,不按自己的标准去衡量和评价他人,承认差别,求大同存小异,与朋友和睦相处;

第二,不吹毛求疵。金无足赤,人无完人。每个人都有自己的缺点和不足。

在交往中要多看到别人的长处,多发现朋友的优点,不强行改变别人已形成的观念,做到尊重他人的权益。

（四）善于倾听

一个真正能展示自己个人魅力与气质的人应该是一个好的倾听者。倾听越多,就会变得越聪明,被更多的人喜爱,成为更好的交往伙伴。有的人在听别人说话时或心不在焉,或哈欠连天,或时时看表,或不停打断别人的谈话。这样的人不会是一个好的倾听者,他只能使交往的人感到索然无味,最终不欢而散。所以,我们应该时时提醒自己,我们有两只耳朵,一张嘴,可以少说一些,但必须学会倾听。

成为一个更优秀的倾听者

要成为一个更优秀的听者,试一下这些有效倾听的基本策略:

（1）不要自己独占谈话时间。比平时少说话可以有利于你更好地倾听。正如公元前3世纪的齐诺所说:"我们有两个耳朵,而只有一张嘴的原因就是我们可以少说多听。"

（2）密切关注谈话者。全神贯注可以向别人表明你对她或他所说的东西感兴趣。用肢体语言表示你对发言者的尊重。例如,在西方文化里,高明的聆听者会正对着发言者,使他的身体以一种放松的方式朝向发言者(而非斜靠着或者无精打采地坐在椅子里),并与发言者保持目光接触。

（3）使用反馈技巧。反馈式倾听是这样一种策略,在倾听过程中,听者以一种表示接受和理解的方式复述发言者消息中所表达的感情或者内容。卡尔·罗杰斯尤其强调反馈式倾听,他把自我成长型听众视作这样的人,即他们在披露自己感情、接受别人情感时是出自真心实意的,他们是敏感的、反馈式的、全神贯注的听者。

（4）对你听到的主题和模式积极地加以综合。谈话内容可能会充斥着凌乱的、细碎的、未以有意义的方式整合过的消息。这些句子主干可以在你开始做思考总结时给予你帮助:

"你似乎要回忆起的一个主题是……"

"让我们仔细回顾一下至此为止我们所谈到的内容……"

"我一直在思考你说过的话。让我看看下述是不是你要表达的意思……"

（5）以有效的行为给予反馈。优秀的听者能迅速、诚实和清楚地向发言者表达你的反应。

二、影响交往的因素

（一）人际交往因素

1. 交往目的的影响

人们交往的目的是为了满足人际需要。心理学家舒茨以人际需要为主线提出了人际关系的三维理论，提出了人际需要可以分为三种，即包容需要、支配需要和情感需要。包容需要指与他人接触、交往、相容的需要；支配需要指控制他人或被他人控制的需要；情感需要指爱他人或被他人所爱的需要。对于三种基本的人际需要，人们有主动表现和被动表现两种满足方式。这样，三种基本的人际需要再加上主动与被动的满足方式，就构成了六种基本的人际关系取向，即主动包容式、被动包容式、主动支配式、被动支配式、主动情感式和被动情感式。

主动包容式，指主动与他人交往，积极参与社会生活。

被动包容式，指期待他人接纳自己，往往退缩、孤独。

主动支配式，指喜欢控制他人，能运用权力。

被动支配式，指期待他人引导，愿意追随他人。

主动情感式，指表现对他人的喜爱、友善、同情、亲密。

被动情感式，指对他人显得冷淡，负性情绪较重，但期待他人对自己亲密。

2. 交往工具的影响

人际交往以符号系统为工具才能传递信息。符号系统有语言符号系统和非语言符号系统之分。语言符号系统是人类最重要的交往工具，具有强有力的信息传递功能。但出于辅助地位的语言系统在交往中的作用也不可忽视。

3. 交往情境的影响

情境可以分为客观情境和心理情境。客观情境对人际关系影响如：前排学生更容易和教师形成较为亲近的关系，而后排学生与教师接触少和教师的关系则可能差一些。心理情境对学生的影响如：一个学生到一个充满热情友好气氛的班级,他会很快与其他同学交往;而一个人心涣散的班级,他的交往就会受到阻碍。

(二)人际吸引因素

1. 熟悉与邻近

熟悉能增加吸引的程度,此外如果其他条件大体相当,人们会喜欢与自己邻近的人。熟悉和邻近两者均与人们之间的交往频率有关。处于物理空间距离较近的人们,见面机会较多,容易熟悉,产生吸引力,彼此的心理空间就容易接近。常常见面也利于彼此了解,使得相互喜欢。但交往频率与喜欢程度的关系呈倒U型曲线,过低与过高的交往频率都不会使彼此喜欢的程度提高,中等的频率交往,人们彼此喜欢程度较高。

2. 空间距离

空间距离是影响人际吸引的一个因素。在其他条件不变的情况下,人们之间的交往将随着空间位置上的接近,越容易形成亲密关系。美国心理学家费斯廷格等人在1950年曾对住在同一楼层的彼此成为亲密朋友的情况进行了实验研究,结果表明:人们交往的次数与距离的远近成正比关系,两人住得越近,越容易成为朋友,不住在同一层、同一楼的就减少了成为朋友的可能性。

同样,熟悉程度也会影响人际关系,但并非"多多益善"。也就是说,熟悉的程度超过一定程度不但不会引起更多喜欢,反而会出现"审美疲劳",使人产生厌烦。这也就是大学生寝室人际关系多冲突的原因之一。因为大家同在一个屋檐下,朝夕相处,彼此了解,将自己真实的一面暴露无遗,容易导致各种冲突的发生。与室友们共同生活,对彼此的脾气、习性、态度等都非常了解,不能说不熟悉。但是,这并没有带来相互吸引,相反,太过熟悉反而引起厌烦。

3. 相似与互补

人们往往喜欢那些和自己相似的人。相似主要包括:信念、价值观及人格特征的相似;兴趣、爱好等方面的相似;社会背景、地位的相似;年龄、经验的相似。

当双方在某些方面看起来互补时,彼此的喜欢也会增加。互补可视为相似性的特殊形式。以下三种互补关系会增加吸引和喜欢:需要的互补;社会角色和职业的互补;某些人格特征的互补(如内向和外向)。当双方的需要、角色及人格特征等都呈互补关系时,所产生的吸引力是非常强大的。

在大学校园里,一位活泼健谈的学生和一位沉默寡言的学生结成了亲密伙伴,一位主动支配性的男生和一位被动顺从型的女生发展成了一对恋人等,这些都是因为交往双方之间相互取长补短,各取所需的结果。值得一提的是,只有当交往双方相互形成互补是才能产生人际吸引。仅有不容并不必然导致吸引。在大学生宿舍中有些家庭背景、情趣爱好、价值追求等方面都不同,这些不同没有在双方之间形成互补,因此,他与室友之间不是吸引,而是疏远。交往中,相似性是形成人际吸引的基础,互补性则起补充作用。

4. 外貌

容貌、体态、服饰、举止、风度等个人外在因素在人际吸引中的作用也是很大的。尤其是在交往的初期,好的外貌容易给人良好的第一印象,人们往往会以貌取人。外貌美能产生光环效应,即人们倾向于认为外貌美的人也具有其他的优秀品质,虽然实际上未必如此。

值得重视的是,随着交往的深入,外貌对人际吸引的作用将逐渐减弱,取而代之的是个体出众的才华、能力以及独特的人格魅力等。这些良好品质是个体最终赢得人缘的根本,需要在时间中不断努力磨砺而成。大学生在注重外表的同时,更要注重美化自己的心灵,达到内外兼修,由内而外,做一个貌美、心更美的时代青年。

5. 才能

才能一般会增加个体的吸引力,但如果这种才能对别人构成社会比较的压力,让人感受到自己的失败和无能,那么这种才能就不会对吸引力有帮助。研究表明,有才能的人如果犯一些"小错误",反而会增加他们的魅力。

为增强人际吸引,大学生一方面要发挥才能,另一方面要注意避免成为"完人",否则会使他人遥不可及,产生疏离。对于那些才能出众的大学生,与人交往时更需以谦和、真诚的态度对待他人,还要允许自己偶尔犯点小错误。

6. 人格品质

人格品质是影响人际吸引的最稳定因素之一,也是个体吸引力最重要的来源之一。美国学者安德森研究了影响人际关系的人格品质,下表反应的就是安德森的主要研究成果。我们可以看出,排在序列最前面、受喜爱程度最高的六个人格品质是:真诚、诚实、理解、忠诚、真实、可信,它们或多或少,直接或间接地与真诚有关；排在最后面、受喜爱程度最低的几个品质，如说谎、装假、不老实等，也都与真诚有关。安德森认为，真诚受人欢迎，不真诚则令人厌恶。

影响人际吸引的主要人格品质

积极品质	中间品质	消极品质
真诚	固执	古怪
诚实	刻板	不友好
理解	大胆	敌意
忠诚	谨慎	饶舌
真实	易激动	自私
可信	文静	粗鲁
智慧	冲动	自负
可信赖	好斗	贪婪
有思想	腼腆	不真诚
体贴	易动情	不善良
热情	羞怯	不可信
善良	天真	恶毒
友好	不明朗	虚假
快乐	好动	令人讨厌
不自私	空想	不老实
幽默	追求物质	冷酷
负责	反叛	邪恶
开朗	孤独	装假
信任	依赖别人	说谎

一般来说，那些受人欢迎的大学生大多具有以下一些人格特征：性格开朗活泼，为人忠诚正直，心胸开阔坦然，做事稳重可靠，待人热情大方，尊重理解他人，热爱关心集体，工作认真负责等。而那些受人嫌弃的大学生则往往有为人自私、心胸狭隘、做事毛糙、敷衍了事、待人冷漠、虚情假意、苛求他人、固执己见、自我中心、不尊重他人、自卑或自负等共同特点。一些大学生人际关系不良，多与其

个性有关。为提高人际交往质量,增强人际吸引力,需从优化个性品质这一根本途径着手。

三、人际交往中的心理效应

有的人天生活泼开朗,喜欢结识朋友,也有的人偏爱独来独往,不善交际。但无论如何,摆在我们面前一个很实际的问题是,我们不可能永远只生活在自己的小天地里。每个人都有自己的交往优势和交往风格,也会采用不同的交往技巧。人际交往也有很多共同的规律性,会有一些普遍适用的交往技巧。

（一）首因效应与近因效应

第一印象一经建立,它对于后来获得信息的理解和组织有着强烈的定向作用。由于人的认知平衡和心理平衡的作用,人们必须使后来获得信息的意义与一经建立起来的观念保持一致。

最初获得的信息及由此信息形成的第一印象在总的印象形成过程中作用更大,因为我们在最初接触陌生人的时候,注意的投入完全而充分,此时印象最为鲜明、强烈,而后继信息的输入,我们的注意会游离,从而使其对我们的影响下降。人们已习惯于用先入为主的最初印象解释一些心理问题。

近因效应不如首因效应突出,它的产生往往是由于在形成印象过程中不断有足够引人注意的新信息提供,或者是原来的印象已经随时间推移而淡忘。近因效应还与个性有关,一个心理上开放、灵活的人倾向于产生近因效应,而一个高度一致、稳定倾向的人,他的自我一致和自我肯定会产生首因效应。

建立良好第一印象的方法

建立良好第一印象的方法是善于表现自己,给别人留下良好、深刻的印象。社会心理学家艾根 1977 年根据研究得出同陌生人相遇时,按照 SOLER 模式表现自己,可以明显地增加别人对我们的接纳性。

S:表示站或坐要面对别人。

O:表示姿势要开放自然。

L:表示身体微微前倾。

E:表示目光接触。

R:表示放松。

从描述中我们可以得出"我很尊重你,对你很有兴趣,我内心是接纳你的,请随便等"轻松良好的第一印象。

卡内基在其名著《怎样赢得朋友,怎样影响别人》一书中,总结了给人留下良好第一印象的六条途径即真诚地对别人感兴趣,微笑,多提别人的名字,做一个耐心的听者,鼓励别人谈自己,谈符合别人兴趣的话题,以真诚的方式让别人感到自己很重要。

(二)晕轮效应

晕轮效应的正面效应是通过一方面建立有关别人的印象,最迅速、最经济,帮助人们尽快适应多变的外部世界;其消极的一面在于以偏概全,使人们对别人的印象与本来面目相去甚远。人们习惯于按照自己对一个人的一种品质的存在推断出他还具有一些品质。这是一种普遍的倾向,如知道某人是正直的,则容易把这人想象成刚正不阿、真诚可信、办事认真、可信赖等等甚至爱屋及乌。外表的吸引力有着明显的晕轮效应,当一个人的外表充满魅力时,其与外表无关的特征,也会得到更好的评价。晕轮效应既是快速认识他人的一种策略、方式,但有时却可能会产生有害的结果。

(三)刻板效应

有些人习惯于机械地将交往对象归于某一类人,不管他是否表现出该类人的特征,都认为他是该类人的代表,而总是将对该类人的评价强加于他,从而影响正确认知,特别是当这类评价带有偏见时,会损害人际关系。如有的大学生认为南方人小气、自私;家庭社会地位高的学生傲气、不好相处等,这种刻板印象容易形成先入为主的定势效应,妨碍大学生正常人际关系的形成。刻板印象的好处是能快速地了解一个陌生或不太熟悉的人或群体的特征,但刻板印象也有其弊端:一是夸大了群体内成员间的相似性,从而对个体的知觉产生先入为主、以偏概全的偏差;二是夸大了群体间的差异性,容易产生偏见与歧视。

(四)定势效应

定势效应让我们与他人接触时,常会不自觉地产生一种有准备的心理状态,作为一种固定了的观念或倾向进行评判。如成语的"邻人偷斧"是定势效应的例子。再如大学里对学生的评价：好学生与差学生，这些评价往往是单纯的学业成绩的评价而非对学生全面的评价。同样，我们对陌生人人际交往的开始，往往要借助于定势效应，将我们准备的心理状态用于对待人与事上。

（五）投射效应

人际关系中的投射效应，即"以小人之心，度君子之腹"，指与人交往时把自己具有的某些不讨人喜欢、不为人接受的观念、性格、态度或欲望转移到别人身上，认为别人也是如此，以掩盖自己不受人欢迎的特征。如自私的人总认为别人也很自私，而那些慷慨大方的人认为别人对自己也应不小气。由于投射作用的影响，人际交往中容易产生误解。

四、大学生保持良好人际交往的途径

（一）恰当运用言语交际的艺术技巧

1. 记住并叫出对方的名字

记住别人的名字，并把他叫出来，是一种有效的交往技巧。在日常生活中，如果一个并不熟悉的人能叫出自己的姓名，就会对他产生一种亲切感和知己感；相反，如果见了几面还是叫不出对方的名字，对方就会感到你不重视他，会产生一种疏远感、陌生感，增加彼此双方的心理隔阂。一个人的名字，对他来说，是语言中一种非常甜蜜、重要的声音。每个人都将自己的名字看得异常重要。在大学师生交往中，老师运用这种技巧，容易使老师在学生中产生较大的亲和力，老师能叫出学生的名字，学生一定认为老师重视他，他在教室心目中具有一席之地。同时，学生也会对老师产生好感。记住对方的名字实际上是对对方的尊重，也是对他人的一种有效的赞美方法。大学生在与同学的交往中，如果想得到其他同学的喜欢和好感，记住对方的名字并能在偶然场合里叫出他的名字，这对促进学生之间的交往是很有效的。

2. 学会赞美别人

美国心理学家威廉·詹姆士指出："渴望被人赏识是人最基本的天性。"既然渴望赞美是人的一种天性，我们在人际交往中最好的技巧就是多赞美别人。赞美能够释放出一个人身上的能量，调动人的积极性。赞美对方往往能有效地增进彼此的吸引力，因为人们欢迎喜欢自己的人。

在人与人的交往中,赞美别人才会得到别人的赞美。大学生赞美别人应注意以下技巧:

(1)要真诚。赞美要取得效果,首先要让别人觉得你的赞美是真诚的,是发自内心的。如果嘴上在赞美对方,内心却又显示出不情愿,这样的赞美会适得其反。

(2)要真实。所谓真实就是要恰如其分。面对一位相貌平平的女同学,假如你要向她表示赞美,与其说她美如西施,还不如肯定她的心地善良、性情温柔更有效。

(3)要具体。当你想赞美或欣赏一个同学时,笼统地说"我真的很喜欢你",不如说"我喜欢你为人真诚,这使我和你相处时感觉轻松"的效果好。

(4)要独具慧眼。赞美别人不宜人云亦云。在别人习以为常的赞美上,多加重复,其效果不如挖掘对方鲜为人知的优点并加以赞美的效果好。正如巴尔扎克所说:"第一个形容女人为花的人,是聪明人;第二个这样形容的人,就一般了;第三个将女人比喻为花的人,纯粹是笨蛋。"因此,我们在赞美别人时,应发掘别人不显眼的优点并加以赞美。

(5)要表达自己的感受。真诚的赞美,不仅使对方感受到愉悦,也是发自内心的感受。因此,在赞美别人时,还要善于表明自己的感受。如对一个很正直、为人真诚的进行赞美时,你可以说:"我喜欢你为人真诚,这使我和你在一起时感到很愉快和自在。"

3.妥善运用批评

一般来说,我们在交往中应多用赞扬,少用批评,但并非不可批评,如果方法得当,掌握批评的艺术,也可能产生积极的效果。

批评从称赞和诚挚感谢入手。批评是一种否定,否定带来的不悦可以被真挚的称赞和感谢所带来的愉悦情绪所冲淡。人们在心情愉悦时,对批评的接受性会明显增强;批评前,先提到自己的错误。被批评者在批评者面前常会有一种错觉,似乎批评者是在用批评显示他的优越。如果我们先提到自己的不足,可以明显弱化这种意识,使人容易接受批评;间接委婉地提醒他人注意自己的错误;不当众批评。当众批评易挫伤对方的自尊心,会导致对方的恼怒和反击,应给人以台阶,让人有面子。

应该说,真心诚意、实事求是的批评并不会阻碍人际交往,反而会有助于人际交往。

(二)恰当运用非言语交际的艺术技巧

在人际交往中,如果我们稍加注意就会发现:一个眼神、一种面部表情、一个手势等都会发挥着奇妙的作用,有时甚至达到了言语交际所达不到的效果,这就是非言语交际的效用。所谓非言语交际,是指通过包括身体的动作、局部表情、空间距离、触摸行为、声音、服饰和其他装饰来表达意思的过程。人们从经验中体会到言语交际更多地用来说明思想,非言语交际更多地用来表达感情,而且更自然、更亲近。

1. 学会使用目光接触和身体动作

目光接触时最为重要的身体语言沟通方式。保持目光接触可集中听话人的注意力,减少精神分散,更重要的是可以向对方传达重视与尊重,而这正是取得对方信任、使沟通顺利进行的先决条件。一般来说,不时保持目光接触,那表示对对方的尊重和感兴趣。但对初次相见的异性,长时间的目光凝视,则是一种无礼行为;而上下打量人,则是一种挑衅的表示;如果在对方的注视下,垂下视线,往往表示信心不足、退让或屈服等。一些身体姿态也会透露出不同的信息。比如在交谈中,微微前倾往往表示感兴趣;双手抱胸,往往表示抗拒和冷淡等。

2. 选择适当的空间距离

人际关系通常可用心理距离来描述,心理距离又可用人与人之间的空间距离来衡量。美国人类体语学家爱德华.霍尔教授研究发现:人际关系不同,交往时人际空间距离也不同。他在 1963 年出版的《躯体行为的符号体系》一书中,把人际距离分为四个区:一是亲密区,0.5 米以内。这是属于具有直接血缘关系、夫妻或恋人以及同性要好朋友间的交往距离范围。二是个人区,0.5～1.2 米。这是属于较熟悉的同事、同学或朋友间的交往距离范围。三是社交区,1.2～3.7 米。这是一种社交性的较正式的人际交往距离范围,属于公事公办关系人员的交往距离范围。四是公共区,3.7 米以外。这是人际交往界域的最大距离,是一切人都可以自由出入的交往空间范围。一般来说,人际距离越近,人际关系越亲近;相反,人际距离越远,人际关系越疏远。大学生应根据自己与他人的关系来决定交往距离,以加强亲密感以及避免冲突或反感。

3. 注意声音调节

在不同场合,要注意调节自己的声音。声音的快慢、高低等都要与场合相协调。如看望病人,就不能大声吼叫。

(三) 适当地进行自我暴露

自我暴露也称自我开放,指在沟通和交往的时候把自己私人性的方面显示给他人。奥特曼等发现,良好的人际关系是在自我暴露逐渐增加的过程中发展起来的。随着信任和接纳程度的提高,交往的双方会越来越多地暴露自己。因此,自我暴露的广度和深度是人际关系深度的一个敏感的"探测器",我们想了解我们对别人的接纳程度,通过评估我们的自我暴露水平就可以做到。我们对别人的接纳越多,就会要求对方为我们暴露的越多、越深。但要注意,无论关系多深、多密切,我们每个人都有自己不愿意暴露的领域。我们不能因为关系亲密或者是情侣、是夫妻、是亲子,就要求对方完全地敞开心扉,更不应该随意地侵犯对方不愿意暴露的隐私。否则,会让对方产生强烈的反感,从而导致对我们的接纳性下降。

自我暴露的程度由浅到深,大致可以分为四个水平。第一是情趣爱好方面,比如饮食习惯、偏好等;第二是态度,对别人的看法,对政府和时事的评价等;第三是自我概念与个人的人际关系状况,比如自己的自卑情绪,和家人的关系等;第四是隐私方面,比如个体的性经验,个体不为社会接受的一些想法和行为等。

一般情况下,关系越密切,人们的自我暴露就越广泛、越深刻。但有一个特例,就是彼此没有任何关系的人,有可能做到完全的自我暴露。比如在网络聊天的时候,素不相识的网友可以把自己连向最亲密的人都不告诉的隐私和盘托出。究其原因,是因为在虚拟沟通的情况下,人们觉得对方不可能介入到自己的现实生活中,风险体验下降,尴尬和羞耻感也降低。

小贴士:促进自我暴露

如果你想对别人透露更多关于自己的东西,你该如何开始呢?

(1) 循序渐进。不要鲁莽地将你的生命中所有最黑暗的时刻告诉某人。自我暴露通常要循序渐进。

(2) 认识到人们亲密需求的水平是不同的。与他人相比,一些人在透露自己的隐私时会感到更加惬意。没有一种固定的亲密水平可以适合所有人。

（3）以事实开头。如果你以事实开始而后再发展到思想、情感和需要的话，你自我暴露的效率常常会变得更高些。

（4）当你对揭露事实感到舒适的时候，那么将你的思想、情感和需要包含在内。

（5）试试此时此地的沟通。在你能对表露事实、想法和需要感到舒服后，可以继续前进道自我暴露最困难的一环：此时此地的沟通。和别人分享你当前的想法、感觉和需要。例如，你可以谈一下你被别人吸引时是什么感觉，他或她的反应如何影响到你，你如何阻止某些事情，你感觉是如何的放松或者紧张，等等。记住，尽管如此，不要太早进入此时此地的沟通，要慢慢来。

五、改善人际关系的训练活动

改善人际关系的训练活动试图改变人们的自我意识水平或社交技能，并通过这种途径使人际关系状况得到改善。每个活动都包括创造情景、协作学习的过程，将我们引入一个与主题内容相关的情景中，通过扮演不同的角色，从中获得感受和认识，在此基础上进行角色交换、协商、辩论、分享，加深对活动的理解，澄清非理性的想法，产生认识上的飞越，也就是通过一系列活动将认知的、行为的、情感的心理过程和谐地统一起来。

（一）敏感性训练

敏感性训练是一种从团体心理疗法中发展起来的团体训练技术。

敏感性训练团体有多种形式，开展最普遍的训练团体称为T小组。它的活动方式主要是语言交流。这类团体通常由5-15人组成，包括1名团体心理辅导人员。训练期限可以是1-4周。

训练团体主要以非指导性的方式为参与者提供真实体验"此时此地"的情境。在活动开始时，团体成员之间往往先谈论参加这种活动的意图，以及想解决的和感兴趣的问题。随着沟通的深入，人们会逐渐了解别人对自己的问题和当时的表现有何反应。当团体成员之间的信任感和真诚的气氛建立起来后，团体作为一个整体，鼓励成员暴露真正的自我。设计的活动可以有"盲行""同舟共济"等。大学生朋友不妨找个训练团体试一试。

（二）利他行为实践法

利他行为是指人际交往过程中无私助人而不指望得到任何外在奖励的行为。有研究者指出：利他行为与心理健康存在相关。高利他行为的人，心理健康水平也高，反之亦然；低利他行为的人在人际关系、焦虑、抑郁等项目上与高利他行为的人存在显著性差异。这是因为，利他倾向强的人有较强的社会责任感和维护社会正义的信念，形成了道德义务感和责任感等。这样，个人利他行为的发生就不是由于社会的要求，而是因为自己感到"这样做是对的"，不遵守这些社会规范不仅仅会受到社会的惩罚，更主要的是违背了个人的信念而受到良心的谴责。利他行为会使人心态轻松愉快。在学习生活之余，尝试着多为同宿舍同学做一些力所能及的事情，如为大家打开水、做卫生、做一些别人不太愿意做的事情，不必在意别人对你的评价，并尝试从积极方面记下自己的体会。

小游戏：提供赞美

目的：学习观察和发现别人的优点，并且直接表达对他人的欣赏，增强人际的良性互动；同时，学习接纳他人的欣赏，体验被表扬的愉悦感，增强自信心。

操作：5～10人一组围圈坐。请一位成员坐或站在圈圈中央，其他人轮流说出他的优点及欣赏之处（如性格、相貌、处事……）。之后被称赞的成员说出哪些优点是自己以前觉察的，哪些是不知道的。每一个成员到中央戴一次高帽。

规则：必须说优点，态度都要真诚，努力去发现他人的长处，不能毫无根据地吹捧，这样反而会伤害别人。参加者要注意体验被人称赞时的感受如何，怎样用心去发现他人的长处，怎样做一个乐于欣赏他人的人。练习结束时，大家心情愉快，相互接纳性增高，自信心提高。

第六章

同桌的你：大学生的恋爱心理

【情景导入】

从来没想过会在大学里谈恋爱，本意是要做个女强人，将爱情列为奢侈品的范畴，不去碰触，却没想到在大学，我就心甘情愿又稀里糊涂地被俘虏了。

我的男友是本班的一个男生。刚上大学，专心于学习的我并未太留意班里的人，喜欢静静地坐在角落。一学期过去了，班里的同学我还认不全。对他，也只是一个模糊的面孔而已。大一下学期，我欣喜地发现，校园里竟有如此多的蔷薇，有白的、黄的、粉的，教学楼前便有一大棵。早在含苞时节，每日走过，我总要偷摘一朵，盈握手间。

那日，当我又将手伸向花朵时，身后很近的地方有个男生很重地咳嗽了一下，我一惊，手背到身后，回过头，却是他带着得意的笑，眼睛直盯着我，我的脸刷地红了。平日里说话得体的我当时不知要说些什么，深吸一口气，转身跑进教室了。说起来让人喷饭，对他的这"惊鸿一瞥"，在我脑海中留下的竟只有他开心大笑时那满口整齐雪白的牙齿，当时心里想：这个人的牙齿很棒！

没一会儿，他也进来了，一边轻松地与别人打着招呼，一边踱到我身边，递给我一朵蔷薇。我紧张万分,先做的不是伸手接住,而是飞快地抬头看边上有没有人注意。他轻声问我:"为什么不夹在书里?""噢,会压坏的。"我僵硬地笑了一下,便低了头。

自那天起,每当我和别人聊天,无意一瞥,就会看到他正微笑着看着我,而我的心,便会无端得紧张;他爱打篮球,班际比赛,女生去当啦啦队,他进了好几个球,大家欢呼时,他回过头看看我,笑着奔跑起来。我发现他常常在看我,而这种发现越来越多,我惊奇地发现,我也在越来越多地关注他,一群人在教室里,我常用眼光追逐他的身影,目光对上了,又赶快移开。

"这是怎么了?!"我感到局促不安,曾经保证不在大学谈恋爱。我在极力压抑自己的感情,不去看他,但心思是骗不了自己的,脑海中常会出现他含笑的眼睛,那眼神中有些许让我沉醉的东西,让我感到依赖和安心。他或许感到了我的躲避,却依旧在我身边关心我,帮助我,班里有人在拿我们开玩笑,我有时会不知所措,他则会笑着用眼神制止他们。

大二下学期很快就来了,在这种心动的日子里,又到了蔷薇花开的季节。他不知从哪里打听到,我之所以喜欢蔷薇是因为我出生在这花开的季节。生日那天早晨,他在楼下等我,令我惊喜的是,他竟捧着一大捧藤条盘绕的蔷薇,递到我眼前。看着那些带着露珠的花,我真的觉得自己特别幸福。他又用那种深深的眼光看着我,轻声说:"本来该送玫瑰,可是我觉得它更好;给我一次机会,好不好?"我那时估计是乐晕了头,竟默默地点了点头。

就这样,我成了他的女友。我们细心周到地关怀着彼此,很开心,很幸福,我也开朗了不少。碰到对爱情犹豫的人,我会劝他们给爱一个机会,毕竟,学生时代的爱是很美的,就像那一簇簇繁盛而纯洁的蔷薇花。

这是大学校园中一个正在进行的爱情故事,我们可以读出爱情的那份快乐与甜美,我们在祝愿这份爱情能够地久天长的同时,不妨思考以下三个问题:

(1) 什么是爱情?

(2) 描述一下你心目中理想的他(她)? 当你对异性产生好感时你是怎样表达感情的?

(3) 读了这个故事,你有什么样的感想?

第一节　爱情概述

德国著名诗人歌德曾说过:"天下哪个俏悦少男不善钟情？天下哪个妙龄少女不善怀春？"大学生恋爱在今天早已不是一个新鲜的话题,弥漫在大学校园里的一个个看似缤纷的爱情故事,像一颗颗青涩的果实充满诱惑。走在当今的大学校园,经常可以看到学生情侣相互依偎、如胶似漆的身影。有人曾说,"恋爱是大学的一门必修课,要是没谈过恋爱,大学就白读了"。不少大学生甚至有过多次恋爱经历。但校园恋情究竟能走多远？会给大学生们今后的婚恋观带来怎样的影响？又有多少能最终"修成正果"呢？

恋爱的心理结构包含了恋爱价值观、恋爱道德观和性心理三个密切相连的组成部分。其中性心理是基础,恋爱价值观起评价、指导和选择的作用,恋爱道德观起重要的规范和制约作用。从性心理、性生理的发展角度来看,大学生恋爱是一种无可厚非的正常现象。但是,大学生的心理状态还不完全成熟,情绪不够稳定,社会阅历较少,对爱情的看法也比较单纯,很容易出现一种心理上的巨大波动,处理不好就会影响大学生活,甚至影响一生,造成无可弥补的后果。

因此,在理解大学生谈恋爱的同时,还必须进行正确引导,使其向着有利于生活、学习,有利于大学生身心健康的方向发展,帮助大学生树立正确的恋爱观,避免恋爱中的不良现象。

❋ 一、什么是爱情

什么是爱情呢？古往今来,无数人在苦苦探索,似乎都说得清楚,似乎又说不清楚。有人说:"在人类一切感情中,只有一种是不需要任何理由的,这就是爱。"这种观点其实并不完全正确。世界上没有无缘无故的爱,爱总是有它一定的理由、一定的原因,它既受人的自然本能的影响,更受社会属性支配。

《诗经》第一篇这样写道:"关关雎鸠,在河之洲。窈窕淑女,君子好逑……"这表明,一个小伙儿爱慕和追求一个女子,不单是出于性欲(种族延续本能),而且还有其他欲求,其中之一,就是"窈窕",只有"窈窕",才能满足视觉上、心理上的美好需求。另外,男女间的爱情还需要满足衣食住行等本能,即社会本能的需要。爱情是同时满足这三种基本需求并得到体验的过程。我们在说爱情时,有时侧重于依附体验,就用"恋爱"一词表达;有时侧重于心理上的满足,便用"情爱"一词表达;有时侧重于性满足,这时用"性爱"一词表达。

简单地说,爱情就是一对男女基于一定的社会关系和共同的生活理想,在各自的内心形成了对对方的最真挚的倾慕,并渴望对方成为自己终身伴侣的强烈感情。这种感情,既不同于同学、同事、朋友之情,也不同于父母子女、兄弟姐妹之情,而是由两性的自然吸引、在一定的社会条件下所形成的特殊感情,是感情的一种复杂的精神生活。

（一）爱情源于"性"但高于"性"

爱情作为人类精神的一种最深沉的冲动,其动力是人的性欲,是延续种族的本能。性成熟使青年男女的内心产生了对异性的向往,性的吸引力是爱情产生的但又不是纯属本能的情欲,而是人类肉体和精神的升华。法国大思想家罗素曾说过:"爱情源于性,又高于性。"如果爱情仅仅是性的满足,那么我们就很难解释人为什么会有爱的选择性,也就是为什么只爱"他"或"她"了,而不是别的异性。男女之间由于在思想情感、精神境界、志趣爱好等方面的和谐、共鸣和一致,而产生了一种互相爱慕并渴望结合的崇高感情,这种体现了社会性的情爱是爱情的主体。黑格尔也说,爱情绝不是性欲,爱情里有一种高尚的品质,就因为它不只是停留在性欲上,而显示出一种丰富的、高尚优秀的心灵,要求以生动活泼、勇敢和牺牲精神和另一个人达到统一。

（二）要正确理解爱情

1. 爱是给予

成熟的爱情是在保留自己完整性和独立性的条件下,也就是保持自己个性的条件下与他人合二为一。人的爱情是一种积极的精神力量,这种精神力量可以推动个体创造生命的奇迹,可以推动个体找到人生的目标。爱情是行动,运用人的力量,这种力量只有在自由中才能得以发挥,而且永远不会是强制的产物。

2. 爱是责任

不成熟的爱情是"我爱,因为我被人爱",成熟的爱情是"我被人爱,因为我爱人",不成熟的爱是"我爱你,因为我需要你",成熟的爱是"我需要你,因为我爱你"。所有的爱情都包含着一份神圣的责任,这种责任不是义务,不是外界强加的,而是内心的自觉,即为自己所爱的人承担风霜雨雪,而不仅是感官上的愉悦与寂寞时的陪伴。

3. 爱是尊重

真诚的爱是建立在双方平等与理解基础之上的尊重。爱一个人也是爱一份生活,仅仅因为某种需要而产生的爱未必能够承担起爱的责任。因为大学生活的孤单与寂寞,需要异性的呵护,需要被关爱,也需要消磨课余时间,这些都不会是真正的爱情。一个从不考虑未来生活的人的恋爱注定没有结果;同样,缺乏责任感的爱情就好比缺乏坚实土壤的大树不可能枝繁叶茂。尊重并不是努力使他成为我们希望的那样,以便我们把他当作利用的对象。只有当我们自己独立时,在没有外援的情况下也能独立地走自己的路,才能做到尊重。

4. 爱是能力

对自己的生活、幸福、成长的肯定是以爱的能力为基础的,看你有没有能力关怀人、尊重人,有无责任心了解人,因为利己者是没有爱别人的能力的。爱的能力不是与生俱来的,也非随着生理成熟自然形成的,而是在社会生活中逐渐成长起来的。这种能力包括施爱的能力、接受爱的能力与自我成长的能力。

二、爱情的类型

根据心理学家本(Lee,1974)的研究发现,现代青年男女的爱情关系有以下6种形式。

(1) 浪漫式爱情。受到某些文学作品、影视作品的影响,将爱情过分理想化,在寻找另一半的时候过分强调"颜值"、身材等外在条件,陶醉于现实的快乐和情感上的互相吸引,追求罗曼蒂克式的激情和令人头晕目眩的感觉。

(2) 游戏式爱情。视爱情如游戏,只注重个人需要的满足,重过程轻结果,对所爱的人不肯负道义责任。在大学校园里,很多大学生看到身边的同学纷纷出双入对,生怕自己被别人看不起,于是迫不及待地找一个对象,试图用这种方式证明自己的"魅力"和"价值"。也有人用恋爱的方式来摆脱寂寞和烦恼,频繁更换恋爱对象,并加以炫耀。

（3）占有式爱情。对所钟爱的对象给予极其强烈的关注和感情，并希望对方以同样的方式回应；对其所爱对象极具占有欲，对方稍有怠慢或忽视，就心存猜忌。好像偌大的世界只有他们两个人，除了对方，其他一切都不值得追求，显得暗淡无光。

（4）伴侣式爱情。在日积月累的相处中，两人的感情由友情逐渐升级成爱情，温存多于热情，信任多于嫉妒，是一种细水长流型的、平淡而深厚的爱情。激情过后的婚姻，多半都是如此。

（5）奉献式爱情。信奉爱情是付出而不是索取的原则，甘愿为所爱之人牺牲一切，不求回报，甚至用主动失去自我来体现自己对对方的爱。

（6）现实式爱情。将爱情视为对彼此现实需求的满足，不追求理想的爱情，因而会更多地考虑对方的现实条件。"男子娶妻，煮饭洗衣"；"女子嫁汉，穿衣吃饭"，正是这种爱情的典型写照。

有的心理学家根据恋爱中男女双方对爱情的追求，进一步把爱情分为健康的和不健康的两类。

（1）健康的爱情。表现在：一是不过分痴情，不咄咄逼人，能够充分尊重对方，不显示自己的爱情占有欲；二是将爱情给予对方比向对方索取爱情更能使自己感到欢欣，并以对方的幸福为自己的满足；三是彼此是独立个性的结合。

（2）不健康的爱情。表现在：一是过高地评价对方，将对方的人格理想化；二是过于痴情，一味地要求对方随时表露爱的情怀，这种爱情常带有夸张的病态；三是缺乏体贴、怜爱之心，只表现自己强烈的占有欲；四是过分偏重于对外表的追求，忽略内在。

三、爱情的成分

美国著名心理学家斯腾伯格曾提出"爱情三元论"，他认为，人类的爱情虽然复杂多变，但基本上不外乎由以下三种成分组成。

（1）动机成分。爱情行为背后的动机对人类而言未必全是由于生理上的需求，但绝不能否认，性动机或性驱力以及相应的诱因如异性之间身体、容貌等特征是其原因之一。

（2）情绪成分。属于爱情的情绪，除了爱与欲之外，可能还夹杂着其他的成分,即所谓酸甜苦辣的爱情滋味。

(3) 认知成分。爱情中的认知作用对情绪与动机两种成分而言是一种控制因素。如果将动机与情绪分别视为电流与火花,认知就是开关或调节器,它可斟酌爱情之火的热度并予以适度调节。

按照斯腾伯格爱情三元论的见解,虽然两性间的爱情形式因人而异,但其实演绎的都是这三种成分彼此不等量的混合形式。他还进一步将动机、情绪和认知各自在两性间发生的爱情关系分为热情、亲密与承诺。就是说,以动机为主的两性关系是热情的,以情绪为主的两性关系是亲密的,以认知为主的两性关系是承诺的、守约的。理想的爱情应三者兼备,且合而为一。斯腾伯格将这种境界称为"完美之爱"。

第二节 大学生的恋爱心理特点及心理困惑

一、大学生的恋爱心理特点

社会学学者李银河说:"中国人爱情的第二个分水岭出现在 20 世纪 90 年代末和 21 世纪初。"作为中国人爱情中的一部分,大学生的爱情也随着时代不断变化。2001 年,教育部就普通高等学校招生工作做出"报考普通高校年龄、婚否不限"的规定,取消了上大学受婚姻状况限制的规定。2005 年,教育部发布了新的《普通高等学校学生管理规定》,取消了"在校期间擅自结婚而未办理退学手续的学生,做退学处理"的原规定,对于大学生结婚,今后既不禁止,也不提倡。大学生恋爱的环境变得日益宽容。过去,人们关于校园爱情的讨论主要是:大学生应不应该谈恋爱的问题;而现在,人们讨论的主要话题是:大学生在校期间要不要结婚的问题。这说明随着社会的发展,大学生的恋爱自主权有了很大程度的提高,恋爱现象也就变得日益广泛。据 2000 年中国大学生性文明调查的数据显示,有 56.4% 的大学生谈过恋爱。而有关网上调查结果表明,大学生谈恋爱开始向"四化"发展,即低龄化、公开化、自由化、普遍化。进一步而言,当前大学生的恋爱表现出以下几个方面的现状和特点。

（一）恋爱低龄化

一是低年龄化，二是低年级化。大学中恋爱比例增大，年龄偏低是一个趋势。有调查显示，在某些高校中，"赞成谈恋爱"的同学占 64.1%，同时 9.1%"已经谈成"。21.6%"正在谈"，26.8%"原来谈过"，只有 26.1% 的大学生认为"学习期间不想谈"。与以往大学生多数在高年级或毕业班谈恋爱不同，现在不少大学生往往从低年级就开始谈恋爱，一些新生在入学之初，便得到老生的面授技艺：恋爱是大学的必修课，在大学里没谈过恋爱就不算是一个合格的大学生。在这种思想的影响下，很多大学生义无反顾地投身于恋爱的洪流中。不少大学生从大一就纷纷谈起了恋爱，甚至军训的绿色制服还未脱下，已经成双结对地出现在校园里。

（二）恋爱高速化

当前大学生恋爱的发展速度显著加快。以往的学生从相识到相恋，通常需要经历一段漫长的岁月。而现在大学生从相识到热恋进展迅速，有的只需要不到一个月或者一周甚至一两天的时间。同时，随着恋爱频率加快，恋爱周期缩短，恋爱中的"短、平、快"已经成了当代大学生恋爱的一个特征。大学生容易恋爱，恋爱频率因此增加，但成功率较低。

（三）恋爱开放化

大学生恋爱的公开化程度普遍提高。中国的传统文化及伦理道德虽对大学生有一定的影响，但随着对外开放的范围不断扩大，"性开放""试婚"等观念逐渐影响了当今的大学生，使大学生常常处于理智与感情矛盾的漩涡中，在思想认识上觉得应该保持贞操，应遵守传统伦理道德观；但在爱的激情下，又不愿受传统观念束缚。以往大学生谈恋爱常采取比较隐蔽的方式，不到比较成熟的阶段不愿意在朋友中公开双方的恋爱关系；而现在相当多的大学生谈恋爱时不会考虑国情和文化的不同，不在乎别人的目光和议论，一些大学生在大庭广众之下做出一些亲密举动。

（四）恋爱功能化

以往大学生谈恋爱多以结婚为最终归宿，而现在大部分大学生谈恋爱并非为了结婚,恋爱动机和目的多种多样。据调查统计,九成大学生恋爱不考虑结婚,更多的是以"丰富生活""摆脱寂寞"为目的;或者为了减轻学业和就业压力;有的是为了打发闲散无聊的时间;有的是为了证明自己的魅力;也有为追求金钱、名誉和地位的。他们只注重恋爱过程的情感投入和体验,走出了"交往——恋爱——结婚"的传统爱情三部曲,认为恋爱不必托付终身。有少数大学生把在大学里恋爱视为经营"实验田",只重恋爱过程,轻视恋爱结果,只强调爱的权利,而否认了爱的责任。这样,"不求天长地久,只求曾经拥有"的论调广泛流传于校园。

总的来说,大学生的恋爱具有不成熟性和不稳定性,这主要是由于大学生社会阅历尚浅,思想单纯,很多学生对于自己的人生目标和需要还没有一个清楚的概念,造成在对待恋爱问题上的处理简单化。在择偶标准上,往往重外表,轻内在;在恋爱方式上,往往重形式,轻内容;在恋爱行为上重享乐,轻责任。这种恋爱问题上的不成熟性,加之他们在求学期间经济上尚未独立,恋爱过程中感情和思想易变,缺乏妥善处理恋爱中情感纠葛的能力,极易造成恋爱的周期性中断,或对恋爱对象的选择飘忽不定,恋爱的成功率很低。

二、大学生的恋爱困惑

(一) 大学生恋爱的心理困惑之一:我可以恋爱吗

1. 我长大了吗(生理基础)

衡量我们是否长大重要的身体指标除了身高、体形外,就是生殖系统的发育及内分泌的变化。男孩在 13～14 岁,身体猛然增高,有的一年可以长高 22 厘米,肌肉和力量都得到发展,同时,睾丸开始产生精子,通常在夜间睡眠时精子得到第一次释放,这标志着男孩在生理上已经接近一个成熟的男性了。女孩的发育也同下丘脑和大脑垂体的相互作用相关,性腺急速刺激卵巢产生雌激素和黄体酮,从而引起女孩子乳房的发育,并由于脂肪储存使其臀部有了特别的形态。多数女孩子大约在 12～13 岁体验人生的第一次初潮,伴随着一丝恐惧和惊喜就从一个女孩子变成了一个少女。

2. 我够成熟吗(心理特点)

真正的爱情是具有成熟性的,是在个体身心都发展到相对成熟的阶段时产生的情感体验,幼儿是没有爱情体验的。很多人具有相对成熟的身体,但在心理上依然是一个小孩子。首先,缺乏自主性。表现在什么都想自己做主,在行动上也不像以前那么亲近自己的父母,似乎已经成熟、独立了,但在诸如学业、工作、生涯规划,甚至很多生活小事上又缺乏自主性和自我控制,表现出对父母和老师高度的依赖感。其次,没有自我认同感。大学生突然要自己应付生活中的重要问题了,这种跨越造成的混乱使很多人感到烦恼甚至痛苦。有的人开始问自己"我是谁"这个问题,并能做出很好的回答,但也有很大一部分人不问这个问题或者对这个问题不能做出很好的回答,对个人价值和重要问题不能独立做出决定,不能理解自己是怎样的人,不能接受并欣赏自己,出现角色混乱。再次,自我中心和缺少责任感。爱情是具有利他性的,而现在的年轻人,大部分都是独生子女,从小在父母的呵护中长大,一大家子都围着自己转,到了大学以后,仍然不能摆脱自我中心的思维方式,凡事只考虑自己的得与失,关注自己的欢乐与痛苦,不能发自内心地帮助所爱的人做其期待的事情;面对困难和挫折,也更多选择逃避和推脱这些没有责任感的处理方式。你能想象和一个缺乏自主性、缺少自我认同感、比较自我中心和缺少责任感的"大小人"开始一段恋爱是怎样一番景象吗?

3. 我用什么来恋爱(客观条件)

爱有多醉人,就有多伤人。爱是无私的,但爱也是要付出代价的。大学校园里的爱情是最单纯、最浪漫、最轰轰烈烈的,但也是件麻烦的事。大学生在经济上还没有完全独立,还需要父母的支持。在恋爱过程中,尤其是男生在追求恋爱对象的时候,盲目地与同学攀比,认为爱情都是建立在物质基础之上的,因此请客、送礼、过节、旅游成了恋爱的常规节目,从而增加了不少的经济支出和心理压力。大学校园里,情人节20元一支的玫瑰卖断货,少则三四十多则上百元的巧克力礼盒供不应求。为了打动心仪的女生,在宿舍楼下用999朵玫瑰摆出"I LOVE U"的字样,用上千根蜡烛照亮……而这一切的一切,开支来自哪里呢?

恋爱中的双方时刻都想沉浸在两人世界的幸福当中,哪怕只是待在一起,什么也不做。恋人的一举手、一投足都会深刻影响自己的心情。恋爱开心的时候,觉得如沐春风,浑身都是力量;恋爱中吵架或闹别扭的时候,觉得天都塌了下来,什么事情也做不进去,满脑子都是乱糟糟的事情,几天都打不起精神来;在感到孤独的时候,也需要特意寻求对方的陪同和宽慰。如此反反复复,日子也就一天天过去。大学生正处在增长知识和掌握本领的最关键时期,学习、社会实践等都需要时间,那谈恋爱的时间又从哪里来呢?

(二)恋爱心理困惑之二:我为什么恋爱

爱情是世界上最负责、最神秘和最吸引人的情感现象。在如今的大学校园里,大学生恋爱已成了普遍现象。那么准备恋爱、正在恋爱和已经经历了恋爱的大学生们,你们有没有问过自己"我为什么要恋爱"这个问题呢? 你又会怎么回答呢?

1. 我和他(她)一见倾心

许多大学生在大学校园里,碰到自己的梦中情人时都会情不自禁地陷入情网。看到他(她)就心跳加速、面色发红,甚至手脚都不知道该往哪里放,每天都忍不住想念他(她),于是,一段美丽的爱情故事开始了。

2. 孤独寂寞时,有个人来陪

许多大学生远离家乡、父母、朋友,孤身一人来到异地他乡,又不能很快地适应学习生活,因而常常有被冷落、被抛弃的感觉,在节假日里这种感觉尤为明显,孤独感随之而来,加上如果不会合理安排和规划大学生活的话,很多时间就会无事可做,生活无聊单调。处于青年时期的大学生们的敏感、冲动、孤傲等特点使他们跟别的同学关系复杂,难以亲近相处,但他们又渴望被关注、渴望情感的交流。当无法从周围获得这种心理需求的满足时,就想到谈恋爱,希望借助爱情来补偿心中的空虚寂寞,或摆脱人际孤独,或用其来替代父母的关爱。

3. 从众心理

如果一个群体中,特别是同宿舍中大部分学生都在谈恋爱,那么余下的没有谈恋爱的学生会感觉到压力。处于青年期的大学生,往往缺乏充分的自我肯定,看到别人成双入对时心中往往会产生一种不平衡感,觉得不自在或很没面子。有的学生甚至觉得不谈恋爱就不正常,因为只有很少的书呆子或者没有出息的人才一个人过。也有的学生认为没有男女朋友是因为自己没有魅力,为了证明自己,很多大学生就选择了谈恋爱。

4. 满足好奇心

大学生正处于喜欢探索自我世界的阶段,加上受到很多电视剧、言情小说中爱情故事的影响，对于没有恋爱经历的他们来说，爱情具有很强的吸引力。不少大学生对爱情充满了向往和好奇，渴望亲身体验，所以当机会来到时，即使可能不爱对方也会尝试，以满足自己的需要和好奇心。

5. 积累恋爱经验

大学生正处于喜欢探索自我世界的阶段，加上受到很多电视剧、言情小说中爱情故事的影响，对于没有恋爱经历的他们来说，爱情具有很强的吸引力。不少大学生把恋爱当成大学里的必修课之一，认为在大学里谈恋爱可以为以后的恋爱积累经验，觉得如果大学阶段不谈朋友太亏待自己。也有很多过来人说，只有大学里的爱情是最纯洁、最神圣的，那时的恋爱双方都只讲感情，没有双方家庭的介入，也没有沉重的成家的责任和压力，比较单纯，不像毕业工作后的爱情那么现实和功利，所以应该经历一下大学里的真正纯感情的爱情，否则将来会后悔的。

6. 为个人发展寻求资源

近些年来，一向被认为是象牙塔的大学校园也越来越受到社会上诸多功利思想的影响，不少大学生的恋爱动机也沾染上了这种思想。他们把恋爱作为达到自己某种目的的途径，精于为自己的利益打算，刻意与那些家庭经济状况较好、社会地位较高的人谈恋爱。谁能为自己找个好的单位就跟谁谈，谁能为自己吃喝玩乐提供方便就主动找谁谈，不再把感情作为重点考虑的因素就匆匆地加入恋爱大军中。这种现象在如今的大学生中时有所见。

三、恋爱心理困惑之三：爱与性的困惑

（一）婚前性行为

根据亲密程度的不同，大学生的婚前性行为一般分为：拥抱、接吻、抚摸和性交。当代大学生对婚前性行为的态度越来越宽容。有的学生认为发生婚前性行为是很自然的事，在他们眼中，结婚只是一种形式，婚前性行为对以后的婚姻是有益的，因为可以增进感情、积累经验；也有的同学纯粹是为了满足自己对异性的好奇和生理需要而发生婚前性行为；也有的人是为了金钱而发生婚前性行为，甚至觉得这是一种权利，别人无权干涉，是你情我愿的事情。

社会上，对于婚前性行为的观点呈现多元化的趋势。但是大学生们需要注

意的是：过早地发生性行为，会沉迷于两人世界，也可能会影响学业，一旦性伴侣或恋人离开自己时，如果不能控制好欲望，还可能会导致违法犯罪；并且由于婚前性行为会导致怀孕，极易对女生造成严重的心理和生理上的压力和伤害；由于缺乏合理的避孕知识或贪图享受而不采取有效的避孕措施，在当今性病、艾滋病流行的情况下，如发生婚前性行为时保护措施没有做好，容易感染各类疾病。特曼（T. M. Terman）的研究也认为，婚前就同订婚者或其他人有过性关系的人，婚后的幸福程度都比较低，尤其是男性。婚前与订婚者以外的人有过性接触，婚后的幸福程度最低。

因此，大学生应尽量控制自己的欲望和好奇心，专心将精力放在提高自己的学业水平和综合素质上，不要轻易尝试爱的禁果，将它留给自己真正爱和真正要生活一辈子的人。如果两个人恋爱关系非常稳定，感情也相当深厚，控制不了要提前偷吃禁果，也应该先学习一些有效预防传染病及避孕的方法和措施，并且在过性生活的时候一定要采取有效的措施和方法，同时也要说服性伴侣乐意使用安全套、按期服用避孕药等有效措施，掌握一些使用中的注意事项和使用后的正确处理方法。

（二）手淫

手淫（也称自慰）是指用手或其他物品接触、摩擦或玩弄生殖器以引起性快感，获得性高潮，达到性满足的行为。男生手淫的频率和采取手淫获得性满足的人数都远远高于女生。很多学生，尤其是男生对自己有手淫行为而感到焦虑、紧张、悔恨、害怕、多疑和自责，但越是这样，越不能自我控制，越采取手淫就越感到紧张和不安，因此形成一个可怕的恶性循环。

很多人对手淫这个词感到恐惧或手淫过后感到非常内疚，并且由于对手淫的错误认识会把手淫前后身体或心理上的一些变化（如反应变得缓慢或记忆力减退等）敏感地归结为手淫。其实，适度的手淫实际上是无害的，它是人类正常的生理行为，对于没有合法性伴侣的大学生来说，它也是缓解性压力、消除性紧张的有效方式。

需要注意的是，过度手淫对身心健康有害。过度手淫也并不是取决于手淫的次数，而是根据身心的承受能力来判定的。如果手淫过后没有其他负面的情绪或身心障碍，那么手淫次数可适度增加。但如果手淫过后觉得身体疲劳、精神不振甚至阴茎不再勃起或勃起不坚,哪怕你几天才手淫一次,也说明你需要休息了。过度手淫者有的是因为内向、脆弱,面对困难或压力时不敢正视现实,而把手淫获得的性快感作为逃避的一种有效方式,时间长了以后就会更加内向、消沉、孤独和寂寞。还有的是因为手淫获得的快乐是不需要付出努力和艰辛就能获得的,来得非常容易,因此容易使人沉溺和依赖,严重者还会发展到把手淫作为满足性欲的主要方式,减弱了对异性的关注和追求,也减少了与人的交往和接触,时间长了容易造成人际交往困难和社会适应不良。过度手淫必定造成时间和精力的耗费,自然会分散对学习、工作和社交活动的注意力,不利于个人的成长和正常婚姻生活的获得。

过度手淫者要想彻底戒除手淫或从这种不良状态中走出来,首先,要把自己一天的生活安排得很有规律,把白天、晚上的学习活动和其他课外活动安排紧凑,让自己没有时间沉迷此事。其次,睡觉前可以听一些轻音乐或喝杯牛奶,换上干净、宽松的睡衣,被子不要太厚,尽量将手放在被子外面,保持比较舒适的睡姿。再次,还可以发挥自己的毅力,用行为矫正疗法,慢慢减少手淫的次数和频率,尽量控制自己的手淫欲望。如果以上方法都不能缓解或消除症状,还可以寻求专业的心理咨询或医疗机构的帮助,从而戒除过度手淫。

(三) 其他

1. 恋物癖

也许你在大学校园里也曾听说过某某同学晾晒在外面的内衣或内裤莫名其妙就不见了,没有风刮掉的痕迹,同学也都没有收错衣服,到楼底下寻找也是不见踪影。如果类似事件频繁发生,很大的可能性就是该同学的内衣或内裤已经被某个"恋物癖"患者收藏了。恋物癖是通过抚摸、嗅、咬或玩弄某种属于异性的物品来获取性快感。所恋之物多半是与性有关的,如头发、内裤、内衣、胸罩或袜子等。恋物癖患者几乎都是男性,而且绝大多数都是异性恋。有研究显示他们大多数对性生活恐惧或性功能低下、行为孤僻、性格内向,很少有攻击或暴力行为,在收集或玩弄某种特殊或者有气味的异性物品时能达到性高潮,甚至引起射精。

2. 露阴癖

如果你是一个女生,在一个天气凉爽的周末下午,独自带上一本书来到校园的某个僻静花园看书、温习，猛一抬头，却看见不远处有一异性将其生殖器暴露在外并盯着你看，你一定以为自己遇到了流氓，并且尖叫着离开或吓得失魂落魄地跑掉。可几乎就在同时，那个人也仓皇逃走了。见他仓皇逃走，你真应该谢天谢地，暗自庆幸，你遇到的不是流氓，只是一个露阴癖患者而已。就算你不尖叫也不失魂落魄地逃走，你也不会再受到进一步的伤害，他们想要的就只是看到你受到惊吓的样子。露阴癖就是指反复在陌生异性面前暴露自己的生殖器，从而获得性满足的性行为方式。他们在暴露生殖器时会同时进行手淫，并想象对方也被性唤起，同时在看到对方受到惊吓时获得性满足和性快感，有时还会达到高潮引起射精。但他们也就仅此而已，不会对对方产生进一步的性行为和性侵犯意图。

四、恋爱心理困惑之四：性别差异

国外有研究表明，男女两性在心理需求、思维方式、沟通方式、处理压力的方式等方面存在着明显的差异，况且每一个个体在家庭背景、生活经历、教育背景、社会环境、工作环境等方面都存在差异，怎么能够要求恋爱中的男女双方在每一个问题上想法都一样呢？这就需要我们存有一份爱心去体谅，沟通，从而接受对方、欣赏对方、赞美对方。只有这样，才能使感情更进一步，获得更长久的幸福。美国的琼·格雷博士是国际知名的人际关系和情感问题研究专家，写过多本情感畅销书，他的代表作《男人来自火星 女人来自金星》就是专门研究男人和女人的心理差异，对于我们更好地理解和处理男女两性的沟通问题有一定的借鉴意义。举一个简单的例子，女性在面对压力时，往往喜欢选择向好友倾诉来排解心中的郁闷，她的目的其实很简单，当她痛痛快快地说出来以后，她在情绪上就获得了一种放松和满足。但是，同样是面对压力，男性往往不习惯主动找人倾诉，他们更喜欢一个人待着，自己默默地处理这些负面情绪。这种性别之间的心理差异客观存在，只有更好地认识和处理这些差异，男女两性才能更深入地理解对方的想法和做法，避免不必要的误会和猜疑。

第三节 大学生恋爱心理问题的调适

一、培养爱的能力

（一）鉴别爱的能力

鉴别爱是指能较好地分清好感、喜欢和爱情。有鉴别爱的能力的人，是自信也尊重别人的人。有鉴别爱的能力的人，会自然地与别人交往，主动扩展交往的范围，珍惜友谊，会尽量多地体验他人的感受。过于自我孤立、过于站在自我的角度考虑问题，往往会对他人和自我感受的认识发生偏离。

【延伸阅读】

爱与喜欢不同

安娜·思蒂·何迪艳提

面对心爱的人，你的心跳会加速，

然而面对喜欢的人，你只会兴高采烈。

面对心爱的人，冬天就像是春天，

然而面对喜欢的人，是个美丽的冬天。

假如你凝视的是心爱的人，你会脸红，

但假如你凝视的是喜欢的人，你会微笑。

面对心爱的人，你不能说出心中的一切，

然而面对喜欢的人，你言无不尽。

面对心爱的人，你容易羞涩，

然而面对喜欢的人，你能展现真实的自我。

心爱的人时刻萦绕在你心头，你不能直视心爱的人的眼睛，

而你却能欣然迎接喜欢的人的目光。

当心爱的人哭泣，你会一同落泪，

而当喜欢的人哭泣，你会停下来安慰。

爱的感觉源自眼睛，而喜欢的感觉源自耳朵。

所以如果你不再喜欢你喜欢的人，你只需要堵住耳朵。

但是如果你试图闭上眼睛，爱便会化作一滴泪水，永远留在你的心中。

（二）迎接爱的能力

迎接爱的能力包括给予爱的能力和接受爱的能力。一个人心中有了爱，在理智分析之后，要敢于表达、善于表达，这是一种爱的能力。一个没有爱心的人是自私自利的。一个人面对别人给予的爱，能及时准确地做出判断，并做出接受、再观察或谢绝的选择，这也是一种爱的能力。缺乏这种能力的人，或是匆忙行事，或是无从把握。大学生要培养自己迎接爱的能力，要懂得爱是什么，知道自己喜欢什么、需要什么、适合什么。对自己、对他人、对万事万物保持敏感和热情，主动关心他人、热爱他人，拥有健康的恋爱价值观。当别人向你表达爱时，能及时准确地对爱的信号做出判断，坦然地做出选择，能承受求爱被拒绝或拒绝求爱所引起的心理影响。

（三）拒绝爱的能力

对于自己不愿意或不值得接受的爱应有勇气加以拒绝。拒绝爱要注意两个方面：一是在并不希望得到的爱情到来时，要果断勇敢地说"不"，因为爱情来不得半点勉强和将就。如果优柔寡断或屈服于对方的穷追不舍，发展下去对双方都是不利的。二是要掌握恰当的拒绝方式，虽然每个人都有拒绝爱的权利，但是珍重每一份真挚的感情是对他人的尊重，也是一种自爱，同时也是对一个人道德情操的检验。

因此，拒绝一份爱首先要表现出对他人的充分尊重，感谢对方对自己的偏爱与欣赏；其次，要态度明确，表达清楚，说清和对方只能保持什么样的关系；再次，行动和语言要一致，不能语言上拒绝了对方，但行动上还与对方保持较亲密的接触，如单独吃饭、应约看电影、接受对方贵重礼物等，这样容易使对方产生误解，认为自己还有机会，从而纠缠在这份情感中；或者不顾对方感受，处理方式简单粗暴，甚至恶语相向，贬损对方人格，使对方的感情和自尊心受到伤害等，这些做法都是非常不妥当的。

拒绝爱的方式

"你是一个非常优秀的男孩（或女孩），能看上我，我首先感到非常荣幸，非常感谢！"

"抱歉！上大学之前，我就给自己定下了一个XXX的目标，因此我不想在大学考虑恋爱这个问题。"

"对我来说，恋爱是一个挺严肃的问题，我现在还小，暂时还没有考虑这个问题。"

"父母不让我在大学里谈恋爱，我尊重父母的意见。"

"我觉得我们两个性格不太合适。"

……

（四）解决爱的冲突的能力

爱的冲突一方面来自日常生活中的不一致或不协调；另一方面可能来自性格的差异。相爱的人在相处时不是寻求两人的一致而是看如何协调与合作。爱需要包容、理解、体谅，遇到问题和冲突时，要学会用建设性的方式去解决。沟通是非常有效的方式。恋人间需要有效的沟通，首先应清楚表达自己的想法和感受，其次应耐心倾听对方的意见和感受。伤害性的争吵或者冷战都不利于问题的解决。

【课堂练习】

如何处理恋爱中的分歧和冲突

1. 分组讨论在恋人之间如何处理分歧和冲突。

2. 根据大家的讨论意见，提炼出解决办法：

（1）认识到分歧和冲突不是坏事，恋爱的双方如果有了分歧和冲突后应该尽可能地共同面对。

（2）不要争对错，因为每个人的看法不同，比争对错更重要的是增进彼此的了解，学会尊重对方。

（3）学会站在对方的角度思考问题。

（4）吵架的时候学会暂停，冷静下来才能把注意力放在解决问题上。

（5）学习并练习更好的沟通方式。如：说话多用"我"开头，少用"你"开头。先处理情绪，再处理问题，等等。

（五）发展爱情的保鲜能力

其实，爱情保鲜期的长短取决于双方的爱究竟有多深，是否具有发展爱情的保鲜能力。心理学博士张怡筠在《半边天》节目中介绍了一种"3×3"爱情保鲜计划，就是每天有3次，每次花3分钟时间做些事，这些事称为"3A"计划：其一，"attention"全神贯注，就是非常专心地倾听对方说话；走进对方的内心世界，以对方的快乐为自己的快乐。其二，"affection"浓情蜜意。其三，"appreciation"欣赏、感激。因此要保持爱情长久，需要两个人真正地关心对方；需要智慧、耐力、持之以恒及付出心血；需要学习新的东西，善于交流，懂得欣赏对方，同时又要有自己的个性、追求和发展，让爱情有不竭的源泉。

（六）面对失恋的心理承受力

失恋是指恋爱的一方否认或终止恋爱关系后给另一方造成的一种严重的心理挫折。恋爱失败和失恋是两个不同的概念。恋爱失败是对恋爱关系的否定，它表现为两种形式：一是恋爱双方都不满意，彼此同意分手；二是恋爱的一方主动提出结束恋爱关系，而另一方仍情意绵绵，沉湎于对往日恋情的怀念中。失恋往往是指恋爱失败的第二种。

失恋可以说是人生中一个很大的挫折，考验的是人的耐受挫折的能力。从心理的角度来看，失恋可以说是大学生最严重的挫折之一，会引起一系列的负性心理反应，如难堪、羞辱、失落、悲伤、自卑、孤独、绝望等。因为失去爱会使人感到一种重要关系的丧失、一种身份的丧失，甚至是自我认同的丧失，由此而带来的这些痛苦的感觉是很自然的事，每个人都会有，只是可能程度有差别。我们需要花一定的时间去面对、调整和适应。一方面正确认识和应对失恋，另一方面，也没有必要勉强自己马上就从失恋的痛苦中走出来，这样有时候反而会适得其反。

大学生应怎么看待失恋呢？

1. 失恋只是一种选择的结果

别人不选择自己不等于自我就全面的失败,一无是处。每个人在爱的关系中心理需要不同,看重的关键点不同。每个人都有可爱的一面,只是每个人欣赏的角度不同。

2. 在失恋中学习,把失恋作为一种人生的财富

也许失恋给人带来的强烈的内心冲击是其他事件所不能代替的,这个过程中所体会到的那份情感的挣扎与痛苦,实为一笔人生财富,使人有了更多的人生体验,人会在失恋中变得更加成熟。

3. 失恋给人再恋爱的机会

一次失恋不等于整个爱情生命的结束,人还会再恋爱,再体验美好的爱情,只要用心去寻找、去体验、去建设、去学习、去感受。

4. 如何应对失恋

失恋带给人们的痛苦令人难忘,面对失恋,我们应积极寻找适合自己的方法来尽快摆脱失恋的痛苦,重新回到正常的生活轨道中来,拥抱新的生活。

(1)勇敢面对现实。勇于面对现实,接受现实,相信你失去的只是一个不适合自己的人。要坚信人间处处有芳草。一扇幸福之门对你关闭的同时,另一扇幸福之门会在不经意间悄悄开启。

(2)分析原因,认真反思。只有实事求是地找到失恋的真正原因,才能正确认识自我,总结经验教训,为以后的爱情积攒精神财富,切不可凭一时之痛、一时之情,胡思乱想、主观臆断,这样不但不能平复浮躁的心绪,而且对以后的感情也没有丝毫益处。

(3)改变认知,重新定义爱情。要摆脱失恋的痛苦,就必须认识到爱情不是生活的全部,人生还有很多重要的事情值得追求,爱情在人生中所占的位置应得到重新认识。

(4)转移注意力。采用转移法,通过适当的方式主动离开让自己感觉压抑、痛苦的环境,置身于开阔、平静的环境,或将注意力集中到自己感兴趣的其他事物中,如培养兴趣爱好、专心学业等,将失恋的痛苦转化为生活的动力,用新的乐趣来冲淡、抵消旧的郁闷,真正体会到人生的意义不仅仅是爱情。

(5)自我安慰。先借鉴"酸葡萄效应",多想想以前恋人的缺点,打破她(他)

在自己心目中被幻想出来的理想化形象,使自己更容易忘记对方;再运用"甜柠檬效应",把自己的各项优点罗列出来,找出自己的价值所在,相信自己,恢复自信。

(6) 合理宣泄。失恋后,可以选择适合自己的宣泄方式,如向自己信任的亲朋好友进行倾诉,或者用运动的方式释放压抑的情绪,也可以到空旷的场地大声呐喊,等等。如果实在找不到合适的对象倾诉,还可以用写日记的方式把自己内心的苦闷通过文字表达出来,以寻求心理的平衡。

(7) 寻求社会支持。失恋后,如果很难依靠自己的力量走出来,可以主动寻求安全的社会支持系统来帮助自己摆脱失恋的痛苦,走出阴霾。如主动约好朋友出来逛街、聊天,主动寻求学校心理咨询师的帮助等。

【延伸阅读】

名人的失恋经历

很多名人都曾经历过刻骨铭心的失恋的痛苦。德国大诗人歌德 24 岁时回故乡当律师,邂逅了一个名叫夏绿蒂的少女。歌德对她一见钟情,热烈求爱。不料夏绿蒂已同歌德的朋友凯士特相爱。失恋的痛苦使歌德一时不知所措,但他很快离开了夏绿蒂,埋头于写作之中,结果《少年维特之烦恼》这部经典之作问世了。这说明,失恋虽然会给人带来一些负面影响,影响人的情绪、行为,但是失恋也有其合理的一面。对于失恋的一方来讲,你失去的是一个你非常爱恋的对象,但同时也告别了一个"不爱你"的对象。这样来看,失恋未必是件坏事,某种程度上来说它是一件调整自我认知的好事。失恋不能失志,不能失去自我,失恋也并不意味着爱的消失,而是即将迎来新的情感历程的重要标志。失恋是人生重要的情感经历,它能使人的感情走向成熟,是人生道路上一堂非常重要的课程,我们不妨淡然处之。

二、留出爱的空间

热恋中的男女由于彼此之间强烈的感情吸引力,往往一有时间就想待在一起,恨不得时时刻刻都四目相对,脉脉含情。但如果距离太近,抓得太紧,没有给对方留出一定的个人空间,时间长了,爱情就会逐渐失去新鲜感,进而考验彼此的信任度,甚至慢慢地变质,最后导致相爱的双方成为"最熟悉的陌生人"。

所以如果爱一个人,就要相互信任、理解和尊重,要给彼此留出爱的空间,让爱也能保持"呼吸",这样的爱才是健康的、积极的、长久的、和谐的。不要以爱的名义去捆绑一个人的感情,无论爱情、友情、亲情,都是如此,这就是最好的爱。对于异地恋的情侣来说,要牢记:谈恋爱最重要的是用真挚的感情慢慢缩短心与心之间的距离,而不仅仅是缩短空间上的距离。要有勇气去相信,"我知道你只要一有时间就会来找我的;如果你不来找我,只可能是因为没有时间;虽然你身在异地,不在我身边,可是我也相信你不会改变"。

三、增强爱的责任

爱不仅是一种权利,更是一种责任和义务,必须以高度负责的态度对待恋爱。责任不一定能萌生爱情,但责任可以维护爱情。恋爱是一个人精神生活中十分重要的内容,甚至是恋人的精神支柱,任何一方都要有为对方负责的态度,避免伤害恋人纯真的感情。拥有一份融入责任的爱时,那样的爱才有可能长久永恒。苏联教育家苏霍姆林斯基曾这样教导儿子:"要记住,爱情首先意味着对你的爱侣的命运、前途承担责任。想借爱情寻欢作乐的人,是贪淫好色之徒,是堕落者。爱,首先意味着献给,把自己的精神力量献给爱侣,为她缔造幸福。"理解对方,是个人诚信的表现;责任和奉献则意味着个人道德的修养,这种爱的权利和责任的统一,是获得崇高的爱情的基础。

四、经受爱的磨难

个人对爱进行承诺很简单也很容易,但爱不仅仅需要承诺,重要的是当你对爱承诺时,能真实地明白自己应当承担的责任,并勇敢地去做。爱的责任不是要求你去承担什么或者付出什么,重要的是在关键时刻,你义无反顾去负起那份原本应该流泪、流汗甚至流血的责任,因为责任原本就是一种付出而非一种享受。既然是责任,也就注定沉重与负累,甚至是一种磨难。对此,要有一定的思想准备。

第七章

放飞心情：大学生的情绪管理

【情景导入】

小军来到心理咨询室，向心理老师说了一下最近的状况：老师，我最近也不知道怎么了，感觉到没有办法很好地控制自己的情绪。总感觉到不高兴，心情压抑，很烦躁，时不时就能和同学吵起来，搞得大家关系挺僵，自己心情也非常的不愉快，学习成绩也受到影响，这次的英语三级 B 的考试也受到影响，差点挂掉。本来想自己先调整一下，过个一两天就没事了。可是没想到这次情绪波动绵延无期，现在已经两个星期了，怎么也调整不过来。我非常难受，觉得很郁闷，心慌，做什么事都提不起精神来，感觉什么都没意思。老师，我这是怎么了？你能帮帮我吗？

近年来，大学生中流行着诸如此类的一些话："郁闷""无聊""别烦我"……高校咨询中心接待的个案当中也越来越多地涉及情绪问题。在我们随机访谈的同学中，大多数同学说希望能够学会控制自己的情绪，拥有一个快乐的心情。毕达哥拉斯曾说："做自己情绪的奴隶比做暴君的奴隶更为不幸。"

第一节　情绪概述

一、什么是情绪

（一）情绪的定义

情绪是什么？先抛开理论层面上的解释，日常生活中我们每个人都会体验到各种各样的情绪，遇到高兴的事情我们心里会有一种难以表达的喜悦，遇到不高兴的事情我们会沮丧、愤怒、悲伤……所有这些感受都是我们常说的情绪。情绪是通往内心活动的一扇门，通过这扇门，我们可以明白导致我们情绪的内在原因，这些原因可以是一些不合理的想法或是一些内心的冲突，这些原因得到理解和解决之后，我们的生活会更加轻松更加愉快。因此情绪往往是我们更好地了解自身的一条线索，了解自己的情绪也有利于更好地生活。

所谓情绪，是客观事物（刺激）能够满足人的生理和精神需要的心理体验。客观事物（刺激）满足了人的需要就会产生积极的肯定性（正性）情绪，如快乐、兴奋、愉快、舒畅、幸福等；客观事物（刺激）不能够满足人的需要就会产生消极的否定性（负性）情绪，如悲伤、愤怒、厌恶、失落等。

（二）情绪的产生

我们知道，任何事物的产生有其根本的原因，情绪也不例外，任何一种情绪的产生都伴随着一系列的生理唤醒，并引起一定的生理变化。而生理变化大多数来自神经系统中交感神经的变化，例如人们在产生惧怕、兴奋等情绪状态时，在交感神经支配下，身体会发生呼吸加快、心跳加快、血压上升、瞳孔扩张、毛发竖立等症状。当情绪发生时，除了交感神经的活动水平发生变化，个体的体内激素也发生了相应的变化，例如：当个体处于情绪激动状态时，血液和尿液中的激素含量都会增加。情绪的脑机制研究表明，情绪的产生与下丘脑、海马、网状结构、边缘系统等关系密切。很多动物实验也表明，电刺激下丘脑的某个部位，会引起动物不同的情绪反应。

1. 客观事物是情绪产生的前提和基础

由于客观事物的不同特点及事物与人之间存在的关系不同,人们对这些事物抱有不同的态度,有不同的体验。这些带有特殊色彩的体验就是情绪。客观事物的不同特点会引起人们不同的情绪反应,如美景使人愉快,黑暗使人恐惧;一条小小的毛毛虫、一阵不同寻常的响声都足以使人情绪突变,惊慌失措。同时客观事物与人之间的关系不同,也会产生不同的情绪。如久旱逢雨,雨水给人们带来的是无比喜悦的情绪,但阴雨连绵时,雨水则使人产生厌恶的情绪。总之,离开了具体的客观事物,人的情绪就无从产生。

2. 人的需要是情绪产生的内部原因

各种实验实践都证明:需要是情绪产生的内部原因。由于人的需要具有多层次性,人的情绪也就具有多样性,人的需要与同一事物的不同方面发生关系时常常也会引起不同的情绪。同时由于客观事物与人的需要之间的关系不同,也就产生不同的内心体验,对客观事物表现出不同的好恶程度,产生不同的内心变化和外部表现。当客观事物符合并满足人的需要时,就会使人产生积极的情绪体验,如满意、愉悦、喜悦、振奋等;当客观事物不符合人的需要时,就会使人产生消极的情绪体验,如悲哀、厌恶、忧虑、愤怒等。总之,人的需要复杂多样,既有合理的需要,也有不合理的需要。即使是合理的需要,由于受到各种条件的限制,有时候也不可能得到满足,这就造成了人们情绪的广泛性、复杂性和多样性。

3. 人的认知也是情绪产生的重要原因

情绪是人对客观事物是否符合或满足自己需要而产生的一种内心体验,但情绪并不是由客观事物直接、机械地决定的,只有那些被认知的事物才能引起情绪的产生。"触景生情"的"触"说的就是认知,外界有再好的美景,如果你不去"触"、不去认知,也就不会有情;"初生牛犊不怕虎",初生的牛犊没有尝试过也不懂得虎的厉害,怎么会知道怕虎呢?所以,认知过程是产生情绪的前提,而且随着认知的变化发展,情绪也随之发生变化。同时,情绪也会反过来影响认知的内容,使认知更加丰富,并推动认知活动向前发展。因而,同样的事物对不同的人或在不同的时间、情景等条件下出现,就可能被做出不同的评价和料想,从而产生不同的情绪。现实生活中,对同样的事物,由于个人的认知水平、认知角度不同,往往会产生不同的情绪。譬如,灾难发生时,有人见灾心惊,有人则幸灾乐祸;同样是患了重病,有人情绪平静、积极乐观,有人却坐卧不安、抑郁焦虑;考试同样是考了 60 分,有人喜笑颜开,有人却伤心流泪。总之,情绪的产生与认知密切相关。

（三）情绪的分类

人的情绪是复杂多样的。研究者从不同的角度采用不同的分类方法把情绪分为不同的类别。早在 2000 多年前,我国古籍中就有了关于情绪的论述。《礼记·礼运》中说:"何谓人情? 喜、怒、哀、惧、爱、恶、欲七种。"在我国最早的一部医学专著《黄帝内经》中,则将情绪分为"喜、怒、忧、思、悲、恐、惊"。

西方心理学家对情绪的分类也进行了比较深入地研究,提出了自己的见解。汤姆金斯列出八种基本情绪:兴奋、快乐、惊奇、痛苦、恐惧、愤怒、羞怯、轻蔑。伊扎德在汤姆金斯的八种基本情绪的基础上增加了厌恶和内疚两种情绪。普拉奇克则根据情绪的强度、相似性和两极性,提出了一个情绪的三维模型。在情绪的三维模型中,顶层有八种基本情绪,即悲痛、恐惧、惊奇、接受、狂喜、狂怒、警惕、憎恨,每一类情绪中都有一些性质相似、强度由高往低依次递减的情绪,分别位于模型的底部。

在吸收、借鉴中国古代和西方关于情绪分类的研究成果基础上,目前我国心理学界一般认为,情绪按其发展通常可分为原始情绪、基本情绪和复合情绪。其中,愉快、恐惧、愤怒、悲哀是最基本的原始情绪。近年来对情绪发展的研究以面部表情区分出十种基本情绪:兴奋、愉快、痛苦、惊奇、愤怒、厌恶、惧怕、悲哀、害羞和自罪感。成人除这些外还有许多复合情绪,如骄傲感、谦逊感、爱与恨、羡慕与嫉妒等混合的情绪。

二、情绪和情感的区别与联系

（一）情绪和情感的区别

我们一直将情绪和情感作为一个统一的心理过程来讨论,但从产生的基础和特征表现上来看,二者是有所区别的,这体现在以下几方面。

1. 从需要的角度看差异

情绪更多的是与人的物质或生理需要相联系的态度体验。例如,当人们满足了饥渴需要时会感到高兴,当人们的生命安全受到威胁时会感到恐惧,这些都是人的情绪反应。情感更多地与人的精神或社会需要相联系。例如,友谊感的产生是由于我们的交往需要得到了满足;当人们获得成功时会产生成就感。友谊感和成就感就是情感。

2. 从发生早晚的角度看差异

从发展的角度来看,情绪发生早,情感产生晚。人出生时会有情绪反应,但没有情感。例如,婴儿一生下来,就有哭、笑等情绪表现,而且多与食物、水、温暖、困倦等生理性需要相关。情感是在幼儿时期,随着心智的成熟和社会认知的发展而产生的,多与求知、交往、艺术陶冶、人生追求等社会性需要有关。因此,情绪是人和动物所共有的,而情感是人所特有的,它是随着人的年龄增长而逐渐发展起来的。例如,人刚生下来时,并没有道德感、成就感和美感等,这些情感反应是随着儿童社会化的过程而逐渐形成的。

3. 从反映特点看差异

情绪和情感的反映特点不同。情绪具有情境性、激动性、暂时性、表浅性与外显性。例如,当我们遇到危险时会极度恐惧,但危险过后恐惧会消失。情绪常由身旁的事物引起,又常随着场合的改变、人和事的转换而变化。所以,有的人的情绪表现会喜怒无常,很难持久。人在情绪左右下常常不能自控,高兴时手舞足蹈,郁闷时垂头丧气,愤怒时又暴跳如雷。情感则具有稳定性、持久性、深刻性、内隐性。例如,大多数人不论遇到什么挫折,其民族自尊心不会轻易改变。父辈对下一代殷切的期望、深沉的爱都体现了情感的深刻性和内隐性。情感可以说是在多次情绪体验的基础上形成的稳定的态度体验。例如,对一个人的爱和尊敬,可能是一生不变的。正因为如此,情感特征常被作为人的个性和道德品质评价的重要方面。

（二）情绪和情感的联系

情绪和情感虽然不尽相同,却是不可分割的。因此,人们时常把情绪和情感通用。一般来说,情感是在多次情绪体验的基础上形成的,并通过情绪表现出来;反过来,情绪的表现和变化又受已形成的情感的制约。当人们干一件工作的时候,总是体验到轻松、愉快,时间长了,就会爱上这一行;反过来,在他们对工作建立起深厚的感情之后,会因工作的出色完成而欣喜,也会因为工作中的疏漏而伤心。由此可以说,情绪是情感的基础和外部表现,情感是情绪的深化和本质内容。情感是在情绪的基础上形成的,反过来情感对情绪又产生巨大的影响。它们是一种心理活动过程的两个不同侧面,既相互转化,又相互依存。

情绪和情感同属于感情性心理活动的范畴,是同一过程的两个方面。简言之:情绪,是受外界干扰而产生的心理活动情感,是内心自发引起的心理活动。

三、情绪的表现形式

依情绪发生强度的大小、持续时间的长短以及紧张程度,可以把情绪分为心境、激情和应激三种。

1. 心境

心境是一种微弱、平静而持续时间较长的情绪状态。也就是我们平时所说的心情。如愉快、舒畅、烦闷、抑郁等。心境对人的工作、学习、生活有很大的影响。积极、良好的心境有助于人发挥自己的能力,提高工作、学习的效率,增强克服困难的勇气;消极、不良的心境会使人懈怠和放弃。因此,努力培养和激发积极的心境,克服消极的心境,学会做心境的主人,是非常重要的。学会放松心情。心情不好时转移注意力,出去和朋友吃饭、跳舞、唱歌、听音乐、泡热水澡、看电影等,善待自己,享受一番。但是,暴饮暴食、吸烟、酗酒、哭泣是很不好的方法。

2. 激情

激情是一种迅速而短暂的情绪状态。"欣喜若狂""勃然大怒"等都是激情的表现。按激情的结果,激情有积极和消极之分。积极的激情能帮助人克服困难、攻克难关。消极的激情则对人的活动具有不良作用,使人的自制力显著下降。大学生血气方刚,容易被激情所控制,情绪变化快,反应激烈,经常从一个极端走向另一个极端。因此,大学生应特别注意避免激情的消极影响。

3. 应激

应激是出乎意料的紧急情况所引起的急速而高度紧张的情绪状态。人在学习、工作和生活中,往往会遇到突然发生的事件或危险,它要求个人迅速地运用自己的智慧和经验,立刻做出决定,以应付紧急情况,此时产生的特殊体验就是应激。应激有积极和消极反应两种情况。积极反应表现为急中生智、力量倍增,使体力和智力都得到充分调动,以获得"超水平发挥"。消极反应表现为惊慌失措、四肢瘫痪、意识狭窄、动作反复出错。因此,大学生平时应注意培养自己思维的敏捷性和意志的果断性,加强应付危机情况的技能训练,提高在意外情况下迅速做出判断和决策的能力,这对应付应激状态极为重要。

第二节 大学生的情绪特点及情绪困扰

情绪是个体与环境、事物之间关系的反映,它具有独特的主观体验和外部表现形式,对人的活动有着非常重要的影响。作为特殊的群体,大学生的生理基本成熟而心理尚未完全成熟,易受到外界的干扰,因而对人、事、社会等各种现象特别关注,对新鲜事物十分好奇,对学业和未来充满信心,朝气蓬勃、积极进取,拥有许多积极的情绪,他们的每一个心理过程都是在某种特定的情绪背景下进行的并受其影响和调节。

一、大学生的情绪特点

大学时期是青年人心理成熟的重要时期,也是情绪丰富多变、相对不稳定的时期。随着社会地位、知识素养的提高以及所处特定年龄阶段的影响,大学生的情绪带有鲜明的特征。具体表现在以下几方面:

（一）丰富性和复杂性

从生理发展来看,大学生正处于多梦的年龄阶段,几乎人类所具有的各种情绪,都可在大学生身上体现出来,并且各类情绪的强度不一,例如有悲哀、遗憾、失望、难过、悲伤、哀痛、绝望之分;从自我意识的发展来看,大学生表现出较多的自我体验,自我尊重的需要强烈,易产生自卑、自负等情绪体验;从社交方面来看,大学生的交际范围日益扩大,与同学、朋友及师长之间的交往更细腻、更复杂,有的大学生还开始体验一种更突出的情感——恋爱,而恋爱活动往往又伴随着深刻的情绪体验,这种特殊的体验对大学生有十分重要的影响;在情绪体验的内容上,大学生的情绪呈现出相当丰富多彩的特征,以惧怕的情绪来说,大学生所怕的事物,主要与社会的、文化的、想象的、抽象复杂的事物和情势有关,诸如怕考试、怕陌生人、怕惩罚、怕寂寞等。

（二）波动性和两极性

大学时期是人生面临多种选择的时期,学习、交友、恋爱等人生大事基本在这一阶段完成。社会、家庭、学校及生活事件,都会对大学生的情绪产生影响。尽管大学生的认识水平有了一定的提高,对自己的情绪已有了一定的控制能力,情绪亦趋于稳定,但同成年人相比,大学生相对敏感,情绪带有明显的波动性,一句善意的话语,一个感人的故事,一支动听的歌曲,一首情理交融的诗歌,都可以使青年人情绪发生骤然变化。特别是在社会转型过程中,社会的变迁、体制的变革,新与旧价值观的更替,种种复杂的社会现象更容易使大学生产生困惑和迷茫,产生情绪的困扰与波动。

同时,由于大学生正处于情绪表现的"动荡"时期,自我认知、生涯发展及心理发展还未成熟等原因,他们的情绪起伏较大,带有明显的两极化特征:胜利时得意忘形,挫折时垂头丧气;喜欢时花草皆笑,悲伤时草木流泪,情绪的反应摇摆不定、跌宕起伏。有人对大学生进行调查,发现人 70%的情绪都是经常两极波动的,也就是像"波动曲线一样,忽高忽低,忽愉快忽愁闷"。

（三）情绪的冲动性与爆发性

心理学家霍尔认为青年期处于"蒙昧时代"向"文明时代"演化的过渡期,其特点是动摇的、起伏的,他把这一时期称为"狂风暴雨"时期。由于知识水平和认知能力的提高,大学生对自己的情绪能够有所控制,但由于他们兴趣广泛,对外界事物较为敏感,加之年轻气盛和从众心理,因而在许多情况下,其情绪易被激发,犹如急风暴雨不计后果,带有很大的冲动性。他们往往对符合自己信念、观点和理想的事情或行为迅速发生热烈的情绪;对于不符合自己信念、观点和理想的事情或行为,则迅速出现否定情绪。个别的有时甚至会盲目的狂热,而一旦遇到挫折或失败又会灰心丧气,情绪来得快,平息也快。

大学生情绪的冲动性常常与爆发性相连。大学生的自制力较弱,一旦出现某种外部强烈的刺激,情绪便会突然爆发,借助于冲动的力量驱使,以至于在语言、神态及动作等方面失去理智的控制,忘却了其他任何事物的存在,极易产生破坏性的行为和后果。

（四）阶段性和层次性

大学阶段由于不同年级培养目标和培养重点不同,教育方式和课程设置有所区别,各个年级面临的问题不同,大学生的情绪特点也不同,呈现出阶段性和层次性特点。大学新生所面临的是环境适应、学习方法的改变、新的交往对象的熟悉、了解以及新的目标确立等问题。新生自豪感和自卑感混杂,放松感和压力感并存,新鲜感和恋旧感交替,情绪波动大。二三年级经过了一年级的适应过程,能够融于校园生活中,情绪较为稳定。毕业班学生面临毕业论文(毕业设计)及择业等多方面的重大问题,压力大情绪波动大,消极情绪多。另外,由于社会、家庭及自身要求、期望不同,能力、心理素质的差别,大学生也会体现着不同的情绪状态。

(五)外显性与内隐性

大学生对外界刺激反应迅速敏感,喜、怒、哀、乐常形于色,比起成年人比较外露和直接;但比起中小学生,大学生会文饰、隐藏或抑制自己的真实情感,表现出内隐、含蓄的特点。一般而言,大学生的很多情绪是一眼就能看出的,如考试第一名或赢得一场球赛,马上就能喜形于色。但由于自制力的逐渐增强,以及思维的独立性和自尊心的发展,他们情绪的外在表现和内心体验并不总是一致的,在某些场合和特定问题上,有些大学生会隐藏或抑制自己的真实情感,有时会表现出内隐、含蓄的特点。例如对学习、交友、恋爱和择业等具体问题,他们往往深藏不露,具有很大的内隐性。另外,随着大学生社会化的逐渐完成与心理逐渐成熟,他们能够根据特有条件、规范或目标来表达自己的情绪,使得自己的外部表情与内部体验的不一致性。例如有的学生对异性萌生了爱慕之情,却往往留给对方的印象是贬低、冷落人家。

二、大学生容易出现的情绪困扰

(一)焦虑

焦虑是个体主观上预料将会产生某种不良后果或出现模糊的威胁时的一种不安感,并伴有焦虑、烦恼、害怕、紧张等情绪体验。在当代竞争不断增强的社会里,每个人都可能处于一定的焦虑状态中。适度的焦虑对于保持生命活力是必要的,并有助于个体成就的提高,但是不适当的高度焦虑不利于个体的身心发展。

大学生焦虑主要与考试和人际交往技能差(或自认为差)、自尊心过强等密切相关。临近考试时会担心自己考不好,排名靠后,拿不到奖学金,担心考不及格等。不敢与人交往,怕说错话,做错事,尤其不敢与异性交往,一见到异性便面红耳赤,张口结舌。不敢在众人面前发言,怕出笑话,丢人。

被焦虑困扰的大学生常表现出烦躁不安,思维受阻,行动不灵活,身体不舒服等症状。严重时会出现焦虑症或胃溃疡等身心疾病,甚至因为焦虑严重而无法坚持上学。

心理上的焦虑并不能帮助我们解决什么,相反,它会让问题变得更加困难。在焦虑的时候,我们的思考能力会降低,在思考问题的时候往往会朝坏的方向想,而不朝或很少朝好的方向考虑。处于极度焦虑状态下的人,不可能做成任何有价值的事情来,由于无名焦虑的烦恼,由于对未来莫名的恐惧,由于对事态发展不能有一个正确的把握,他们做任何事情都不会有一个正确的方向。

无所谓的担忧正是焦虑之本质,只有面对可能发生的最坏结果,我们才能从容地面对现在。古装武侠片中经常有这样一句话:"杀人不过头点地,二十年后又是一条好汉!"是啊,连死都不怕了,还有什么可焦虑的呢。人需要看破看透,才能放下,只有放下人的欲念,才有自信。

所以,不要被想象的敌人吓破胆,增强自信,相信自己一定会找到解决方法,当机立断,积极行动,要把注意力从担心失败转移到积极行动、争取成功上来,并尽最大努力去做。

(二)抑郁

抑郁是一种感到无力应付外界压力而产生的消极情绪,常伴有厌恶、痛苦、羞愧、自卑等情绪体验。

导致抑郁情绪的原因有很多,考试考不好,自觉在同学当中丢人,又愧对父母的期望;人际关系处不好,又苦于不会经营;喜欢一个人,表白了却惨遭拒绝;竞选干部失败;毕业找工作屡受挫折,这些都会导致抑郁情绪。

抑郁的大学生的主要表现是:情绪低落,郁郁寡欢,闷闷不乐,思维迟缓,兴趣丧失,缺乏活力,反应迟钝,干什么都打不起精神,体验不到快乐。

在低年级大学生中抑郁情绪更为普遍。低年级大学生刚进入一个新的环境,处处都要重新适应,饮食习惯要适应,气候环境要适应,个人生活需要打理,且尚未摆脱自己原来在高中时那种众星捧月、备受瞩目的感觉时,却突然发现自己一下子从白天鹅变成了丑小鸭,心理上无法接受,很容易陷入抑郁状态中。

抑郁人皆有之,在正常情况下,人们能适应并且调节控制自己,欣喜而不疯狂,抑郁而不绝望。任何人都可能由于某些因素的影响偶尔出现短暂的情绪压抑、悲伤、忧伤、易发脾气等心境恶劣症状,但时过境迁,很快会消失,对工作和生活不会造成很大影响。

那些性格内向,多疑多虑,不爱交际,生活中遭遇意外挫折的人更容易长期处于抑郁状态,甚至导致抑郁症。当情绪压抑、悲伤、忧伤、易发脾气等症状存在超过三个月,且影响社会功能时,便被诊断为抑郁症。

人们常常形容抑郁的人是"戴着墨镜看世界",所以一切都是灰蒙蒙的,让人心情压抑。其实,同样的事物,迎着阳光看和背着阳光看,会呈现不同的色彩。同是秋雨,你可以感到"秋风秋雨愁煞人",也可以有"秋雨听琴夜读书"的韵味。若用积极眼光看待人生,人生的一切便都是快乐之源。

生活是什么颜色,在于你的经营。心情不好时,你可以为自己制造一种轻松与愉悦的情境:一段美妙的音乐、一顿丰盛的晚餐、一次倾心的交谈、一次浪漫的远游等,都会让你的心情快乐起来。

（三）空虚

空虚是大学生中一个普遍的感受,尤其是大一和大二的学生。大一女生在第一学期普遍会长胖很多,她们通常会作此解释:上了大学不知道怎么安排时间,不知道具体要做什么,仿佛一下子失去了方向,失去了引路人,日子过得很茫然,很空虚,便总感觉想吃点东西,结果越空虚越吃,越吃越空虚,身体却迅速胖了起来。

空虚的感觉之所以在大学生中出现,其中一个原因是感觉失去了奋斗目标。原来在高中时大家的奋斗目标都是努力学习争取考上好大学,那时的生活紧张而充实。而考入大学后,原先的目标实现了,新的目标又尚未出现,于是空虚骤然而至。

另一个原因与情感寄托有关。人的一生从出生到死亡,感情的依赖和寄托随着年龄的增长而发生改变。童年和青少年时期,与父母兄妹生活在一起,享受着家庭的温暖,感情是寄托在父母和家庭中,因此很少产生孤独、空虚感。成年以后,建立了新"家",担负起家庭主人的义务,同时享受天伦之乐,感情是寄托在伴侣及子女身上和新"家"之中,同样也很少会产生空虚与孤独之感。那么青年人呢?此时他们已经长大,刚刚离开家庭步入社会,需要进一步求学或求职,儿时的感情依赖和寄托不再存在,但又很难在短期内将感情寄托到新的"家庭"之中,这样就使得感情发生归属问题,产生飘忽不定和没有寄托的空虚感。尤其是在漫漫长夜,孤独一人之时更添加几分空虚和孤独。当然,随着人际交往的深入,社会阅历的增加,逐步结识异性,建立恋爱关系,使自己的感情找到归宿,这种空虚和孤独感便会在不知不觉中减轻和消失。

了解了人生感情的依赖和寄托过程,许多正在经历孤独和空虚的大学生就会感觉轻松很多,不再认为这是心理"变态"或心理问题,实际上这只是成长过程中的必经之路。

导致空虚的第三个原因是缺乏对生活的热情。我们常说,生活是美好的,就看你以怎样的态度对待它。一样的蓝天白云,一样的高山大海,你可以积极地从中感受大自然的美丽;或者认认真真地学点本领,帮他人做点好事,也能对自己的成功颇感得意,从他人的感谢中得到欢愉。当你用有意义的事去培养你对生活的热情,去填补你生活中的空白时,你哪还有心情和空闲去空虚呢?

事物都是一分为二来看待的,空虚和孤独也并非全是坏事。正是因为有了这种感觉,才有了想填补这种"空白"的动机,有人利用这段时间大量读书学习,提高自己的知识水平;有人则培养自己的兴趣爱好,丰富阅历;有人广交朋友,寻觅知音;有的人忘我地工作,全身心地投入到工作中去;有人反思历史和过去,投身政治……

三、情绪对大学生身心健康的影响

(一)情绪对大学生健康的影响

根据现代生理学、心理学和医学的研究成果表明,情绪对人的身心健康具有直接影响。若能保持愉快的心境,为人开朗乐观、积极向上,则人体免疫功能活跃旺盛,可以减少患病的机会,有益健康。不仅如此,良好的情绪不仅使大学生对生活充满希望,对自己满怀自信,而且能够使他们的求知欲增强、思维敏捷、富于创造力、爱好广泛、建立良好的人际关系,促进他们的全方位发展。

与此相反,消极的情绪对人的身心健康危害极大,在压抑、紧张、焦虑、恐惧等消极情绪的长期作用下，人的免疫能力下降，容易患各种传染性疾病，内脏功能也会受到伤害。许多研究表明，消极情绪是健康的大敌。突然而强烈的紧张情绪会抑制大脑皮层高度心智活动，破坏大脑皮层的兴奋和抑制的平衡，使人的意识范围狭窄、判断力减弱，失去理智和自制力。调查发现，大学生中常见的消化性溃疡、紧张性头痛和偏头痛、心律失常，月经失调，神经性皮炎等，都与消极情绪有关。

（二）情绪对大学生学习的影响

情绪不仅与大学生的身心健康有关，而且与大学生的潜能开发、工作效率有关。良好的情绪情感往往使大学生乐于行动，有兴趣学习、工作和活动，有助于开阔思路，注意力集中，富有创造性。研究发现，精神愉快、心情舒畅、紧张而轻松是思考和创造的最佳状态，才能有效地进行智力活动。

心理学家用实验方法研究情绪与学习成绩的关系时，通常将焦虑程度与学习成绩分别作为自变量和因变量，然后采用自我评定法和生理反应法来研究它们之间的函数关系。研究结果表明，焦虑程度与学习成绩的关系呈倒 U 字。

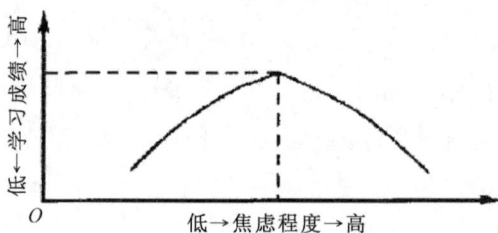

图 6 - 1　焦虑程度与学习成绩的倒 U 形关系

结果表明，适度的焦虑能使大学生取得最好的学习效率，焦虑程度过高或过低，均难以取得优异的学习成绩。在生活中常有这种现象：有的大学生在考试时过分紧张，结果出现"晕场"现象；反之，有的学生对考试采取不以为然的态度，考试成绩也不高。

（三）情绪对大学生人际关系的影响

具有良好情绪特征的人，例如乐观、热情、自尊、自信是人际间产生相互吸引的重要条件,能彼此间心理距离缩短、情感融洽。而自卑、情绪压抑、爱发怒的人,往往不能与他人正常相处,难沟通、易疏远,使人与人之间疏远。

由于情绪具有感染性与传染性,因此良好的情绪、积极而稳定、适度的情绪反应,正性情绪大于负性情绪的人,在人群中更受欢迎,更容易获得别人的赞赏,容易形成良好的人际关系。一位大学生这样形容宿舍另一位同学:他的情绪正如六月的天,喜怒无常,无法把握,与他相处,有些如履薄冰,我们时刻要受他情绪的支配与感染。我们认为:他没有用坏情绪影响我们好心情的权利,因而我们选择逃避,尽量少与他交往。

与此同时,大学生在人际交往中,注重提高自身修养,学会适度控制与调适自己的情绪,做情绪的主人,才能拥有良好的人际关系。

（四）情绪对大学生行为目标的影响

1979 年,心理学家埃普斯顿在《人类情绪的生态学研究》这篇文章中,介绍了他对大学生的自我观念、情绪与行为变化之间关系的研究成果。结果表明,当体验到的是积极的情绪,如感到高兴、亲切、安全、平静,大学生的行为目标也往往是积极、生动的,对新经验的接受和开放、对周围人的尊重和理解、对价值和长远目标的献身精神等,都有明显增强;当体验到的是痛苦、愤怒、紧张或受威胁等消极情绪时,一部分大学生的社会兴趣下降,反社会行为增加,对新经验持审慎甚至闭锁的态度,另一些大学生的行为并没有向消极方面转化,而是吸取教训,准备再干。

埃普斯顿的实验结果表明:积极的情绪体验与积极的行为变化总有一致的关系。因此,在大学生活中要尽可能多地缔造这种关系。积极引导消极情绪,使之转化为长远目标和价值的献身精神。

第三节　大学生健康情绪的培养

良好的情绪状态不仅有利于提高工作、学习效率,而且有益于身心健康。弗洛伊德曾说:"学习掌握自己的情绪是成为文明人的基础。"一个能够成就一番事业的人,仅有良好的智力和一定的知识是不够的,他还必须懂得适时调控自己的情绪,在各方面表现出得体的言谈举止,从而表现出良好的高素质人才的风貌。加强大学生情绪的自我调节和自我修养,是大学生拥有健康情绪情感的最佳渠道。

一、提高情绪觉察力

要想管理好情绪,先要认识自身情绪的感觉,不了解自身真实感受的人,必然沦为感觉的奴隶;反之,如果我们能及时觉察自己的情绪,把握情绪的规律,才有可能成为生活的主宰,知所抉择。

当一种情绪出现时就能很快识别它,这应是自我觉察力,也叫"有自知之明"。它是情商的主要构成部分之一。只有对自己的情绪能及时觉察并具有较大把握性的人,才能更好地驾驭自己的生活。中国台湾心理学博士王淑俐在她的一本关于情绪管理的书中写道:"我们要学习体会真实的刹那,然后才能有能力体会快乐时光。"自我觉察力的培养,可以从以下几个方面做起:

首先,学习探索自己曾有的各种情绪。要正视每一种感觉(视觉、听觉、味觉、触觉、嗅觉等),觉察身体的各种感觉。有敏锐的观察力即用视觉、听觉、味觉、触觉、嗅觉等客观观察环境的各种刺激,这样可以帮助大学生在抉择时,做出更正确的判断。可以从撰写个人的心情日记着手,写下自己的心情日记,在日记中具体地描述时间的发生、觉察自己的情绪、了解自己的想法,并与过去经验做一些连接,看看是否受到过去经验的影响?这样撰写一段时间以后,就可以看出自己情绪的变化情形,进一步了解情绪的周期及情绪变化的原因。

其次,要有好奇且不自以为是的心态,没有好奇就没有感觉,就不会伸出触角去探索世界,去体会因此带来的无穷乐趣。但我们也不能自以为是,特别要注意的是,过强或过弱的感觉,都会影响理性判断的决策,缺少感觉的理性肯定是盲目的。

再次,通过了解自己的情绪感受学习理解他人。因为持续不断地了解自己的情绪感受是了解他人感觉的关键。如果不能确认自己的感觉,就失去了准确衡量他人感觉的基础。要了解他人的感觉,必须通过反馈和通话。当一个人身上出现情绪征兆时——例如含着泪水的眼睛、颤抖的下唇、脸色泛红等,可以想像当自己有这些征兆时是什么感觉。那些对他人的情绪反应比较敏感的人，不仅清楚地记得自己在这种场合下的感觉，而且，有时他们还会重温这种感觉。

当然，还可以在一个独处的空间，找一个安全的空间，大声把任何感觉不加责备地说给自己听。也可以添油加醋把情感夸大，让它戏剧化到超出真实的感受。

二、培养情绪调控力

坏情绪和好情绪一样都是生活的调味品，也是人物性格的组成部分。重要的是人们应该保持、学会保持两者之间的平衡，即调控自己的情绪，也叫做驾驭心情。人们情绪激动时往往不能自控，但是人们可以找到控制这种情绪的延续时间的办法，在应该摆脱的那些坏情绪中，盛怒是最难对付的。怎样才能消除自己的火气呢？有人认为，发泄一下内心的不满就会觉得舒服些。然而，研究人员发现这是最糟糕的做法，因为勃然大怒会刺激脑部的唤起系统（又称觉醒系统）活跃起来，令人的怒气更增，而不会平息，这无异火上加油。比较有效的方法是"重新评断"（又称再构造法），即自觉地用比较积极的角度重新看待使你生气的那件事。事实证明，这是极有效的息怒方法之一。另一种方法则是独自走开去冷静一下头脑，这对在盛怒之下情绪不清的人尤为有用。还有一种比较有效的方法是运动。很多人在发怒时出去散散心就会冷静下来，这是因为分散了原来的注意力，把心思转移到别的事情上了。可见，重新评估和转移注意力都能帮助一个人减轻情绪困扰。

三、调整认知结构

合理情绪疗法是埃利斯在美国创立的。埃利斯提出了 ABC 理论，用来解释人的情绪困扰和不适应行为的产生。其中 A 是指诱发事件；B 是指个人在遇到诱发事件后产生的相应的信念，也就是他对这件事情的看法、解释与评价；C 指在特定情境下，个人的情绪体验及行为结果。埃利斯指出，情绪 C 不是由一个诱发事件本身 A 所引起的，而是由经历了这件事情的个人对这一事件的解释和评价 B 所引起的。因此 A 只是 C 产生的间接原因，B 才是 C 产生的直接原因，是 B 决定了 C 的性质。在此基础上，埃利斯提出了通过改变信念进而改变情绪

与行为的方法,即合理情绪疗法,也被称之为 ABCDE 模式。其基本程序是这样的:

（1）找出使自己产生异常紧张情绪的诱发事件 A。

（2）分析自己在遇到诱发事件时对它的解释、评价和看法,即由它引起的信念 B。从理性的角度去审视这些信念,并且探讨这些信念与所产生的紧张情绪 C 之间的关系。从而认识到异常的紧张情绪之所以发生,是由于自己存在不合理的信念,自己应当为自己失之偏颇的思维方式负责。

（3）扩展自己的思维角度,与自己的不合理信念进行辩论,动摇并最终放弃不合理信念,学会用合理的思维方式代替不合理的思维方式。还可以通过与他人讨论或实际验证的方法来辅助自己转变思维方式。

（4）随着不合理信念的消除,异常的紧张情绪开始减少,并产生出更为合理、积极的行为方式。行为所带来的积极效果,又促进着合理信念的巩固与情绪的轻松愉悦。

（5）最后,个人通过情绪与行为的成功转变,从根本上树立起合理的思维方式,从此不再受异常情绪的困扰,即达到了治疗的效果 E。

概括起来就是:诱发事件 A,有关的信念 B,不良情绪和不适当的行为 C,与不合理信念进行对抗 D,在情绪和行为上产生积极的效果 E。

四、其他的情绪调控方法

（一）数颜色法

操作方法是,当你不满某个人或某件事而感到怒不可遏,想要大发脾气时,如有可能的话,暂停手中的工作,独立找个没人的地方,不论是办公室、卧室或是洗手间都可以,做下面的练习:首先,环顾四周的景物,然后在心中自言自语:那是一面白色的墙壁;那是一张浅黄色的桌子;那是一把深色的椅子;那是一个绿色的文件柜……一直数到十二,大约数三十秒左右。如果你不能立即离开令你生气的现场,例如正在听主管领导的批评或父母大人的教诲,那么你也可以就地进行以上练习。这就是所谓的"数颜色法。"

也许有人会问,这法行吗?是否有点荒谬?其实这个方法大有学问。它是运用生理反应来控制情绪的一种方法。因为,一个人在发怒时,肾上腺素的分泌使得肌肉拉紧,血流速度加快,使生理上做好了"攻击"的准备。这时随着愤怒情绪的升高,注意力就转移到了内心的感觉上,理智性思考能力因而减少,某些生理功能也暂时被削弱。通过运用"数颜色法",强迫自己恢复灵敏的视觉功能,使大脑恢复理智性思考。因此,当你数完颜色时,心情就会冷静一些,这时再想想,你该怎么应付眼前的情况?经过这一短暂的缓冲,你就能以理智的态度去对待。所以,此种方法特别适合于暴躁型的人控制自己的情绪。

(二)暗示调节法

自我暗示是改变自己情绪的有效方法之一。其基本的做法是自己给自己输送积极信号,以此来调整自己的心态,改变自己的情绪。具体的暗示方法有多种。

比如,早上起床时,就开始给自己暗示:今天我心情很好! 今天我很高兴! 今天我办事一定顺利! 今天我一定有好运气! 类似这样的话,要不断地给自己暗示,使自己的潜意识接受这些信号。这将对你一天的情绪有很大的影响,使你能够心情愉快、精神饱满地去从事各项工作。

(三)运动纾解法

最好的情绪纾解方法之一是运动。因为当人们在沮丧或愤怒时,生理上会产生一些异常现象,这些都可以通过运动方式,如跑步、打球、打拳等方式,使生理恢复原状。生理得到恢复,情绪也就自然正常,心理感到平衡了,再回到教室继续学习。这就是运动纾解情绪法。

(四)音乐缓解法

音乐具有强烈的情绪感染力,因此也是缓解情绪的有效方法之一。对于部分人而言,当心情不佳时,听上一曲自己最喜欢的音乐,沮丧的情绪就会烟消云散。因此,建议喜欢音乐的朋友,不妨准备几盒自己最喜欢的录音带,放在身边,心情不好时就放上几曲,以此来调整一下自己的情绪。

(五)倾诉

倾诉是人的天性,你要有知心朋友,或者倾诉的渠道,把你的情绪宣泄出来。你也可以通过写信、写日记把自己的情绪倾诉到纸上,同时倾诉完后不要再去看它。

第八章

自己的天空：大学生的休闲活动

【情景导入】

怀着对大学的憧憬，晓东踏进了 A 校，大学上学期，他为了自己的梦想时刻努力着。没有见识过新鲜事物的他对大学的一切都充满着好奇。也许是年纪尚轻，晓东的自我约束能力不强，渐渐地他发现身边的朋友在空闲时间都在打游戏，起初他还很坚定，在别人打游戏的时候他在一边认真地复习功课，可时间长了，他也对此产生了好奇，朋友们告诉他特别刺激，让他尝试一下，在好奇心的驱使下，他开始了第一次接触这样的游戏。于是，他每天的生活从学习为主变为现在全部的时间都用来打游戏。没课的时候打、周末的时候打甚至上课的时候也在心心念念游戏的攻略。由于每天熬夜甚至是通宵打游戏，晓东每天都睡眼惺忪地走近课堂，然而缺乏睡眠的他已无心听讲，脾气也变得暴躁起来。其他问题也接踵而来，他的成绩一落千丈，老师的责备，家长的失望以及同学的讽刺让他感到前所未有的压力。

于是他开始重新审视自己，反思自己的所作所为。渐渐地他开始改变自己，决心让自己逐渐戒掉网瘾。他把电脑放在自己衣柜的最角落，每天都特别认真地听讲做笔记,他的这些改变老师和同学们都看在眼里也为他高兴。

　　仔细分析网瘾大学生可以发现,他们中很多人都是在大一下学期或大二的时候深陷网络的。当前我国基础教育阶段仍然存在着应试压力过大的现象,学习、考试及与此相关的事是很多中学生的全部生活重心。

　　美国教育家约翰·杜威曾经说过,教育就是在生活中促进成人的"生长"。但孩子的生活中只有学习,除此之外的各项能力包括玩的能力均缺位。从高考的应试重压下解脱出来的大学生,报复性地享受起了久违的自由。如何去"玩"?如何高质量的"玩"?是很多大学生需要面对的问题。

第一节　休闲活动概述

休闲之事古已有之，二千四百多年前，古希腊哲学家亚里士多德就提出，休闲是通往幸福的大道，休闲给精英社会中的人们以发展智力、探索灵魂和寻找生命中真正快乐的机会。亚里士多德的这一休闲观开启了人们对休闲的思考和研究，因此被称为西方"休闲学之父"。从此以后，关于休闲的问题开始被人们广泛地讨论。我们在中文搜索引擎"百度"上输入关键词"休闲"，立刻就会跳出与"休闲"相关的目录达 2 790 万条。"休闲"一词从 20 世纪 90 年代开始在中国流行，还被媒体选入 1989 年以来中国最流行的 20 个新词。那么，到底什么是休闲？为什么要休闲？大学生休闲活动有什么特点？这是我们探讨大学生健康休闲活动的前提和基础。

一、什么是休闲

美国著名的休闲学专家杰弗瑞·戈比在给种种休闲的定义归类时发现，休闲出现在四种基本语境之中，分别是：时间、活动、存在方式和心态。因此，对于休闲的认识，可以概括为以下四种观点。

（一）从时间的角度定义休闲

从时间的角度考察休闲的含义，通常是指生活中我们常有一段自己自由使用的时间，在这段时间里可以按照自己的意愿做想做的事。亚里士多德称之为手边儿的时间。另一种理解是，在生存问题解决以后剩下来的时间。而在马克思的眼中，"休闲"一是指"用于娱乐和休息的余暇时间"；二是指"发展智力，在精神上掌握自由的时间"。"休闲"就是"非劳动时间""不被生产劳动吸收的时间"。

（二）从社会活动的角度定义休闲

"休闲"一词源自拉丁语，表示"许可"的意思，泛指在劳动之余获得许可进行的活动。在古希腊，"休闲"意为"不是在不得不做的压力下从事的严肃的活动"。从社会活动的角度定义休闲，扩展休闲的内涵，使之包括"一系列在尽到职业、家

大学生心理健康教育（第二版）

庭与社会职责之后,让自由意志得以尽情发挥的事情,它可以是休息,可以是自娱,可以是非功利性的增长知识、提高技能,也可以是对社团活动的主动参与。"

（三）从生存方式的角度定义休闲

如果把休闲定义为一种生存状态,那它就如亚里士多德所言,是一种"不需要考虑生存问题的心无羁绊"的状态,是一种"沉思的状态"。于是,休闲常被用作形容词,表达人们从容、宁静、忘却时光流逝的状态。

（四）从心态的角度定义休闲

很多心理学家用"心灵上的"自由或是"驾驭自我的内在力量"来理解休闲。他们认为,休闲感的真正含义是:不论外部环境如何,一个人都会相信他是自由的,是他在控制局面,而不是被环境所控制。美国心理学家纽林格认为:"休闲感有且只有一个判据,那便是心之自由感。只要一种行为是自由的,无拘无束的,不受压抑的,那它就是休闲的。去休闲,意味着作为一个自由的主体,由自己的选择,投身于某一项活动之中。"

在比较分析了以上几种休闲含义后,杰弗瑞·戈比在他的《你生命中的休闲》一书中提出了自己对休闲的理解。他认为,"休闲是从文化环境和物质环境的外在压力中解脱出来的一种相对自由的生活,它使个体能够以自己所喜欢的、本能地感到有价值的方式,在内心之爱的驱动下行动,并为信仰提供一个基础。"我国的休闲学研究者马惠娣将此归纳为:"以欣然之态做心爱之事"。

二、休闲活动对大学生健康的作用

健康是当代大学生成材的需要。休闲活动对大学生健康的作用是非常广泛的,无论是身体的、心理的还是社会的各个方面都有关系。一方面,它可以帮助学生从积极的心愿来把握自己,调适自我与外部世界的关系;另一方面,它能消除影响提高学生社会适应能力的不良心理因素,拓展学生与外部世界的关系,以维持自己的健康状况。

（一）消除紧张情绪,缓解自身压力

现代社会是一个快节奏、高效率、竞争激烈、奋力拼搏、全速前进的社会,这就不可避免地给人们带来许多紧张和压力。从生理学的观点看,人若长期、反复、持续地处于超生理强度的紧张状态中,就会损害健康、导致疾病,出现失眠、厌食、心悸、出汗、肠胃功能失调等植物性神经系统功能紊乱等症状。闲暇、娱乐在心理学中被看作是对满负荷工作、劳动和学习的缓和方法，是对其他方面压抑着的情感提供表达的广阔天地，是可以通过文学、艺术、体育活动和旅游来转移内心的伤感、逆反、悲哀、忧愁和冲动的方式。健康的休闲活动能使大学生忘却学习和就业的烦恼，宣泄压力、消除紧张，防止偏差行为的产生。

（二）增进友谊，促进合作

人是群体动物，有着归属和爱的需求。人人都渴望交流与合作，希望能在茫茫人海中遇到趣味相投的朋友。大学生的生理及心理特点决定了他们喜欢参与学习生活中的各项活动，渴望结识新的友人。良好的休闲活动为大学生学会处理人际关系，建构人际关系网络、健全人格、豁朗心胸、摆脱寂寞空虚提供了最佳的选择。英国剑桥大学自17世纪就在校园中设有"下午茶"，以这种既普通又特殊的形式，让师生们在自由、放松、随意、平等的氛围中进行交流，激励师生们迸发灵感，产生思想的火花。作为一所大学，剑桥的建设也堪称休闲，大学没有校门，31所学院，近60个系科专业，多数散落于剑河两畔。就是这样一座学术自由的风气与严谨治学传统相结合的大学，造就出大量杰出的人才。

（三）强身健体，维护生命

健康是事业之母，健全的精神高于健全的身体。现代生理学研究表明，一般状态下，人脑对血液需求量每分钟为700～800毫升，约占心脏每分钟输出总量的1/6，比肌肉细胞工作时耗血量高出15～25倍。大学生的学习活动是一种紧张的智力活动，它的紧张性是由学习内容的复杂性、知识水平、智能等因素决定的。大学生要真正完成所担负的学习任务并不是一件轻松的事。如果连续用脑时间过长，容易造成脑部缺氧，产生疲劳，变得反应迟钝，记忆力下降，思维能力也会受到影响。参加适当的休闲活动，如体育、音乐、绘画等，能使人产生愉悦的心情，增强生理的承受能力，使脑部活动有张有弛，从而巩固身体的健康。毛泽东在他早期的著作《体育之研究》中指出："无体是无德智也。""体者，载知识之车而与道德之舍也。"说明一个大学生只有体魄强健，体格健全，精力充沛，才能获得德与智。大学生应该做到："每天锻炼一小时，健康工作50年，幸福生活一辈子。"

（四）增进自我认同，加速身心发展

"用进废退"是一条客观存在的规律，它是生物进化的重要动力，也是提倡休闲活动的理论基础。有人曾经做过试验。被试验者是若干名身体完全健康的青年，他们被安排在床上绝对静卧，不准起坐、站立和活动。20 天后，突然令他们起床站立，这些青年普遍感到头昏目眩、两腿发软、心慌气急，少数人还晕倒。体格检查发现体重减轻，血压下降，心功能降低 70%，肌力大幅度减退。这一试验表明，人体的组织器官在废弃不用后，就会明显退化。大学生学习工作时往往只运用了某些方面的结构和功能，不能使身心各方面都有同等机会充分地发展。因此，学习之外的休闲活动可以弥补这方面的不足，增进大学生身心全面而充分地发展。

（五）拓展生活经验，增强社会归属感

大学生的学习、学习环境、学习范围是互有差异的，在一般情况下，每个人都是在特定的环境中学习工作，因而他们所接触的人或事，也就偏向某一方面。久而久之，就会仅将自己的生活经验囿于学习方面，而自我意识、思维方式和行为方式就不能发展到其他方面和其他环境中去，因而就没有其他方面的经验。休闲活动则可以在其他方面给予学生很好的帮助，使他和许多与学习工作没有关系的人、事和环境发生接触，拓展生活的领域和经验，丰富自己的生活。在大多数的情况下，大学生的休闲活动是在群体中进行的，多方面的相似性和彼此间的心理吸引，能够使学生获得对自我的肯定或社会的赞许，增强社会的归属感。

总之，休闲活动对大学生健康是非常必要的，休闲活动应是一种积极、健康、文明、科学的休闲方式，在闲暇的时间里从事体育活动、文艺活动、社会活动，可以促进人体的身心健康，满足人体各方面的需要，有利于建立完整的人格。健康的休闲活动必将成为学校的一股潮流，它将吸引着众多的大学生投身到这股热潮中来。

第二节　大学生休闲活动的特点及存在的问题

一、大学生休闲活动的特点

为了将休闲活动与生活中的其他活动区别开来,我们有必要认识和把握休闲活动的特点。一般来说,现代休闲活动具有自由性、非功利性、文化性、主动性等特点。所谓自由性,是指休闲活动是在自由(闲暇)时间里进行的,也是指人们自由选择活动内容,是一种完全自觉自愿的活动。这种在自由时间里自愿参加的自由活动的一个突出特点就是它的非功利性。所谓非功利性,就是休闲活动从原则上说是不求任何报酬的,其所追求的就是休闲活动本身所具有的乐趣。所谓文化性,就是说休闲活动不是简单地消闲,而是一种丰富生活、创造生活的手段。休闲活动是讲求生活艺术、享受生活乐趣、提高文化素养、丰富文化生活的有益社会活动,对个性发展和社会进步都有重要的作用。所谓主动性,就是说人们在休闲活动中不是被动地,而是出于某种需要,主动地进行活动,这种主动性较其他任何活动都要明显。大学生休闲活动除了具有这些共性特点以外,还具有其个性特征。

(一)休闲时间充裕性

中国自 1995 年起开始了 5 天工作制。目前,我国全年国家法定假日(含周末)共 114 天,这意味着中国 1/3 的时间将在闲暇中度过。对大学生而言,又多了寒暑假,他们每年有 170 天左右的时间处于休闲状态,接近全年的 1/2。而随着课程学分制改革的深入,以及大学生自我管理和自主性学习方式的不断提倡,大学生自主性、选择性学习的空间更加广阔,使得大学生休闲时间更加富余。合理利用和安排充裕的休闲时间给大学生在自律和他律方面提出了更高的要求,也给大学生锻炼自己和培养知识的复合性方面提供了更多的机会。

(二)休闲动机的多样性

休闲动机是指引起、引导个人休闲活动,并导致该活动朝某一目标的内在心

大学生心理健康教育(第二版)

理过程,休闲动机是产生休闲活动的主观原因。在大学生休闲活动中起主导作用的动机有以下几种:

(1)放松。通过休息而恢复体力和精力,这是人们进行休闲活动的最普遍的动机,大学生也不例外。大学生的学习负担一般较重,较长时间的集中学习,就需要一定的放松。

(2)消磨时间。一些学生没有很好地计划休闲,就可能选择诸如上网聊天、宿舍空谈等随意性的活动,目的仅仅是为了逃避无聊,打发时间。

(3)亲近自然。大学生以班级为单位或同学三五成群到风景优美的地方游玩,目的是从枯燥的学习环境中得到暂时解脱,从湖光山色中寻找自然的简单快乐。

(4)个人发展。这种个人发展包括很多方面,如获得竞争感和成就感,增进理解,获得友谊,满足自己的交往需要和归属于某一个群体或团体的需要。

(5)利他行为。许多大学生通过志愿者活动来回报社会,以实现自我价值。

以上几种休闲动机并不是孤立存在的,往往相互联系,多种动机组合成一项具体的活动。

(三)休闲活动的丰富性

(1)选择的丰富性。大学生在选择休闲活动方式时呈现出多元化的趋势。有调查表明,大学生在休闲时间里,有27.78%的学生选择去郊游17.90%的学生选择勤工俭学,31.80%的学生选择阅读课外读物,12.04%的学生选择专业学习,10.49%的学生选择睡眠。

(2)组织者的多样性。休闲互动的组织者既有校外介入校园的,也有学校自己举办的;既有学校部门的,也有院系的;既有联合的,也有单一主体的,更有学生自发进行的休闲活动。

(3)活动形式丰富多彩。概括起来大致有五类:①知识性活动。如参加各种辅导班、学术性专题讲座、座谈会、阅读、音乐欣赏等;②体育性活动。如球类活动、游泳、舞蹈、体操、武术等活动;③社会实践活动。包括参加各种爱心义务活动、社会调查活动、勤工俭学等;④嗜好性活动。如下棋、绘画、书法、旅游等;⑤享乐性活动。如聚餐、飙歌、玩电子游戏等活动。

(4)活动空间的丰富性。大学生参与休闲活动的地理范围既可以在校园内,也可以在校外广阔的空间,尽情挥洒青春热情。

(四)休闲活动的自主性

大学生精力旺盛,总是把大量过剩的精力投向课余和周末,做自己感兴趣的事情。心理学认为,这一年龄段是人的心理过渡时期,是青少年自我与现有社会秩序的关系紧张时期,这一时期的青少年自己想要解答一系列问题,在解答这些问题的过程中,心理发生许多转变,智力复杂化,摆脱了区分真理和谬论的简单化观点,抽象逻辑思维开始占重要地位,思维的独立性、批判性显著加强,对观察和感知方面表现出更大的积极性、主动性和自觉性。他们不轻信现成的结论,更相信自己的分析、判断,喜欢追根溯源、怀疑和争论,较少持有保守思想。同时,大学生情绪丰富多彩,复杂多变,兴趣爱好广泛,常常对自己喜爱的对象、活动表现出极大的热情。这些特点在大学生的休闲活动中表现出来。绝大部分学生喜欢自己安排休闲活动的内容,在活动形式选择上灵活多样,注重发展自己的思维空间。同时,希望休闲活动能提供更多的施展才能的机会,以利于自己的兴趣培养和个性展示。

(五)休闲活动的愉悦性

在休闲生活中获得愉悦的内心体验和快乐感受,是大学生喜欢休闲活动的一个重要原因。这种愉悦性主要表现在审美、成才、交友、娱乐等活动中。

(1)审美的愉悦性。不少大学生充分利用休闲给自己带来愉悦的心理感受,其中一个最为有效的方式就是自觉或不自觉地参加各种审美活动,在这些活动中发现美、感受美、创造美,体会审美和造美过程的无穷乐趣。

(2)成才的愉悦性。大学生在休闲过程中的每一个进步都是主动争取的结果,这种成才的主动性一旦有所收获,就很容易产生满足感和愉悦的心理刺激。

(3)交友的愉悦性。良好的人际关系是个体心情愉悦的重要前提。休闲时间里的交往可以感受到愉悦的体验。

(4)娱乐的愉悦性。大学生在丰富多彩的娱乐活动中相互学习、相互启发、相互慰藉、相互宣泄、相互鼓励,从而相互收获快乐。

(六)休闲活动的差异性

这种差异性主要表现在两个方面:

(1)年级的差异。各年级的大学生由于心理发展水平、对大学生活的适应性以及学习任务等方面的不同。在休闲活动的内容上，一年级的学生倾向于满足精神和生理需要的恢复性的中等层次的消遣、娱乐活动，如看电影、体育锻炼、社交、聊天等；二、三年级的大学生多数选择层次较高的自我完善、自我发展的休闲活动，如休闲阅读、练习琴棋书画等。

（2）性别的差异。男女大学生由于生理、兴趣、爱好等不同，在休闲活动的取向上也存在一定的差异性。男生在休闲时间里更多倾向于选择健身锻炼和棋牌娱乐；而女生则更多倾向于逛街购物和睡觉休息。

二、大学生的休闲问题

作为重要的生活方式，休闲活动已经成为个人生活的重要组成部分。长期以来，中国人的休闲存在着诸多问题。譬如：休闲观念落后，表现为"主动工作，被动休闲"；休闲时间增多，但休闲质量较差；休闲支出不平衡，城乡差别大；休闲方式单调，选择睡觉、打麻将、无事发呆的消极休闲人群仍过大；对个人休闲状态，多数人不满意，等等。纵观高校学生休闲活动，我们在看到健康休闲促进学生养成健全的人格特质、激发学生自我实现需要目标的同时，也应看到不健康的休闲方式对学生产生的负面影响。

（一）休闲认知存在误区

列宁说过："不会休息就不会工作。"一个没有能力过好休闲生活的人，就不可能体味到生命的价值和生活的快乐，甚至会导致各种不良的社会行为和病症。过上好的休闲生活首先需要对休闲有正确的认识，但是当代大学生对休闲认知存在着误区，主要有3个方面。

1. 把休闲当做消遣工具

持该观点的大学生们认为，休闲是为了消除肉体的疲惫状态，恢复良好的身体机能而进行的活动。休闲就是休息，休闲是学习工作的润滑剂。事实上，休闲与休息有着本质的不同。生产力不发达时期，人们通常将时间分为两段：一段是工作时间；剩下的另一段时间则笼统地称为休息时间，其中包括吃喝拉撒、恢复体力上疲劳的休闲、闲暇、消遣及参加其他各类活动，其目的是为了恢复体力的疲劳、恢复体能的功能，但是作为人类文明进步的一种产物，它更多的是体现人的闲情逸致。"将休闲上升到文化的范畴是指人的闲情所致，为不断满足人的多方面需要而存在的文化创造、文化欣赏、文化建构的一种生存状态或生命状态"。

2. 把休闲当做消磨时光

在中国的传统文化里,休闲毫无地位,一提起休闲就是游手好闲等反面联想,这形成了又一种价值感。必须认识到,休闲不是工作的对立面,也不是工作的延伸。亚里士多德说,"休闲才是一切事物环绕的中心",是"哲学、艺术和科学诞生的基本条件之一"。他举例说,"知识最先出现于人们有闲暇的地方。数学所以先兴于埃及,就因为那里的僧侣阶级特别有闲暇。"事实证明,科学、合理、健康地利用闲暇时间对一个人的成长与成才至关重要。利用得好,你就拥有了比别人多的能力。爱因斯坦正是在这个意义上说,人的差异在于闲暇。

3. 把休闲当做金钱消费

持该观点的人认为,休闲是金钱的派生物,它远离穷人,偏爱富人。特别是不少特困生持有这样的观点。事实上,休闲不是"少数人的特权",而是大众化的普遍行为。休闲不是有钱人的特权,更是普通民众所应享有的权利。大学生的学习工作与休闲活动既相互对立又相互依存。如果用骑马作比喻,工作好比加鞭,休闲好比勒缰。一味加鞭狂奔,马将衰竭而死;一味勒缰约马,马将停滞不前。只有使加鞭和勒缰很好地协调,形成节奏,马才能持久而高效地奔驰。

(二)休闲质量存在问题

因为休闲观念的错误,很多大学生的休闲质量普遍不高。

1. 越休闲越觉得无聊

大学生普遍感到休闲生活缺乏生机和活力。有相当多的同学认为自己的休闲生活空虚无聊。某些学生不能很好地利用休闲时间去做一些有意义的事情,而是三五成群毫无目的地逛街、逛公园;通宵达旦地上网、打游戏、闲聊胡侃;或者终日沉溺于扑克之中。时间在虚度,而内心的无聊、空虚感也与日俱增,导致休闲综合征。

绝大多数的大学生平时几乎没有理智地、自觉地、主动地考虑过自己的休闲生活,没有对休闲时间做科学的规划。这表明,他们的休闲生活基本上还处于一种盲目的、自发的、不觉醒的状态,具有很大的临时性和随意性。

2. 越休闲越觉得没品位

美国学者曾将人们对休闲时间的利用分为 6 个层次,从高到低依次为:创造性地参与；积极地参与；投入感情地参与娱乐；寻求刺激；摆脱胆小怕事；消磨时间；放纵自我；不良行为。

我国大学生的休闲主要集中在摆脱单调、消磨时间这一层次上。最为典型的是大学生把许多时间耗费在"无事休闲"、空谈、上网聊天等方面，甚至还不乏一些酗酒、赌博、涉黄等放纵或反社会的休闲行为。

马克思说："对于没有音乐感的耳朵来说，最美的音乐也毫无意义。"由于缺少相应的人文素质和才艺，不少大学生只能停留在低等级的休闲行为上。

（三）消极休闲，得不偿失

休闲活动有积极和消极之分。积极的休闲活动不仅使自己感受快乐，还是自身可持续发展的坚实基础。其中，艺术追求让人内心自在；教育学习令人进步；消遣娱乐使人放松。消极的休闲活动则影响人的身心健康发展，这种休闲活动的泛滥是社会危机的表现。如自我放纵者思想叛逆；蓄意破坏者人格沉沦；犯罪危害者内心自虐。大学生休闲时间的增多，既为创造多姿多彩的生活提供了条件，也给那些贪图安逸、追求享乐的学生注射了一针兴奋剂。

1. 消极休闲，影响学业

提倡积极地休闲绝对不是不要学习，学习始终是大学生活的主旋律，学习工作应该成为休闲活动的前提。但是，在大学校园中，不少学生只顾休闲，把双休日和课外生活等同于玩，使原本好的休闲宗旨发生变化，甚至影响了学业。现在大学生"挂科"的现象很普遍：大一学生源于环境不适，学习放松；大二学生沉溺网络，忙于恋爱；大三学生重视实践，忽视课堂。原因虽是多方面的，但最主要也是最根本的是学风不正，玩风很浓。

2. 虚拟生存，网络成瘾

在充分享受着计算机网络给自己带来诸多乐趣和营养的同时，当代大学生也正经受着它带来的种种心理困惑甚至痛苦，逐渐被网络的不良因素所腐蚀，严重的甚至出现网络成瘾。心理学家对"网络成瘾症"患者的描述是：对网络操做出现时空失控，而且随着乐趣的增强欲罢不能。"网络成瘾症"对网民的正常发展产生很大的负面影响，主要表现为交往方式错位、人性异化、自我迷失、道德失范、技术崇拜、社会功能退化等。

鉴于网络的负面影响日益显现，我们有必要构建网络自我调适的机制。一些社会学家和心理学家提出了许多自律性的行为指南和治疗方法。

第一，遵守责任原则。对于上网者要求他们不仅仅对某种信念负责，也不是传统的自责，而应强调人们应该面对未来，以行动对可以预见的后果承担应有的责任。

第二，持叙事之间的张力。一方面，应该消除虚拟生活的神秘性，鼓励网际探索；另一方面，应该加强虚拟生活与真实生活的联系。

第三，构建批判和反思性的文化。其核心任务是对网络文化进行批判和反思。另外，还要对"网瘾症"和"网恋症"采取积极的防治措施：积极构建心理咨询和心理治疗体系；优化社会环境，家庭、学校和社会都要为网络成瘾者戒除"网瘾"提供外界帮助；加强对大学生"网恋"行为和心理的引导。

3. 相互攀比，超前消费

随着学生家庭经济情况的改善，大学生中，女同学攀比衣着打扮；男同学攀比吸烟饮酒、追求享受、过生日及郊游消费等档次。校际同学老乡的相互串门增多，使原本就不宽裕的大学生"经济"出现"危机"，成为"月光族"，甚至是"负翁"。部分经济能力有限又爱面子、讲虚荣的学生，因此会产生严重的自卑、忧虑、紧张等精神压力，甚至会引起违法行为的发生。"月光族""负翁"现象给学生带来困扰，有必要进行适当的干预或调整。大学生在休闲消费所带来暂时愉悦的时候，应该考虑到以下因素。

第一，准确把握消费中的"度"，一定要做到量力而行。作为尚不能自食其力的大学生应该尽量避免超前消费，免得给自己和家庭带来沉重的经济负担和心理压力。

第二，消费不忘勤俭，开源节流。一方面，参加勤工俭学活动，锻炼能力，补贴经济；另一方面，要艰苦节约。如有的大学生虚荣心很强，更换手机频繁，未必就是手机不能用了，而是通过更新款式来炫耀自己，但由此带来的浪费是不言而喻的。

研究大学生休闲活动中诸多问题的成因，我们发现，其中既有主观的，也有客观的。主观原因是自我认识偏颇、自我放纵。客观上则是休闲教育的缺失。事实上，中国教育历来重视苦读、勤学，"头悬梁，锥刺股""书山有路勤为径，学海无涯苦作舟"，因而忽略了休闲与读书之间的有机联系。

第三节　改进大学生休闲活动的途径与方法

时代的发展,科技的进步,促进了人类生活水平的不断提高,但心理健康问题却有增无减。尤其是处在转型期的我国,社会政治、经济体制的剧烈改革,生活节奏越来越快,对人们的心理承受能力构成了严峻挑战。大学生也是如此,"忙、盲、茫"是许多现代学生的心理写照。他们面临升学或就业的竞争压力,紧张且快节奏的学习生活迫切需要一种能暂时免于焦虑、偏狭、约束的生活,从事一些自由自在的休闲活动。

一、树立科学的休闲观

要享受休闲带给我们的益处,首先必须对休闲有正确的认识,培养健康的休闲意识,从而树立科学的休闲观。如果休闲观不科学,不健康,就很难意识到学会休闲的重要性和必要性,更不会积极地培养休闲技能,养成良好的休闲习惯。

休闲是人类生活的重要组成部分。在现代社会,休闲已经成为人们生活中经常谈论的话题,成为人们生活中越来越重要的内容,越来越深刻地影响着我们的生活,它不仅关系到我们生活的质量,也影响着我们对生命意义的探索和追寻。休闲不是生命的浪费,而是人的全面自由发展的必要条件。

大学生休闲的质量和内容,影响到个体的健康和全面发展。在越来越开放和多元化的今天,大学生应该改变对休闲的态度,重视自己的休闲生活。休闲同样是一门学问,应试着给自己的休闲活动制定一个具体的计划,安排多样的休闲活动,增强针对性,减少盲目性,减少静态休闲,增加动态休闲。法国社会学家杜马哲迪尔提出,休闲具有放松、娱乐和个人发展的功能。他认为,休闲可以使人们特别是工作的人们从日常生活的压力中解脱出来,使疲劳的身体和紧张的神经得到恢复。放松是最基本的功能,娱乐给人们带来快乐,而个人发展是休闲功能中最高层次的最重要的部分。大学生应该努力使自己的休闲具备个人发展的功能,让休闲与学习、工作相得益彰。

二、确立正确的休闲原则

斯金纳说："一种文化在多大程度上决定了自身的前途,检验这种能力的有效办法之一是看它如何处理闲暇问题。"因此,选择休闲活动,要遵守一定的原则:第一,以兴趣为主。休闲活动目的在于调节身心,因此,选择休闲活动首先应以兴趣为主。第二,以工作的性质为辅。休闲活动在性质上与工作学习的性质有些差异,能使自己接触不尽相同的事物、人与环境,扩展自己的生活经验。第三,以适合社会进步的要求为标准。第四,以实施便利为宜。第五,多群乐。在一般情况下,群体性活动可以扩大人际关系、交流活动经验,而相互之间的刺激与激励也能增加活动兴趣。第六,选择同时具有多方面的功能作用和意义的活动。第七,合理安排时间。除此以外,大学生休闲活动还应该遵循自觉性、可行性、便利性、健康性、安全性等原则和要求。

参加休闲活动要在完成基本的学习任务之外进行,要在自己的经济支付能力以内进行,不能什么都跟着世上走。比如,看到足球最受大众喜爱就整天去踢球,轮到乒乓球热又去泡乒乓球馆,等到电脑上网时髦又整天"冲浪"等。在休闲中应坚持正确的文化导向,不参与违法、违规的活动,践行社会主义道德规范。休闲是身体放松和心理松弛的过程,最大的收获应该是身心的愉悦享受。大学生切忌参加"黄、赌、毒、假"等危害社会的活动。

休闲活动应根据自己的年龄、性别、体质、经济、兴趣等因素选择恰当的休闲方式,使娱乐与工作、学习能互相协调,达到自我的全面发展。

休闲活动也要有节制。任何东西都是过犹不及,休闲也是如此,如有些学生通宵达旦地上网、打牌、聊天等,这些都不是有节制的表现;此外,休闲活动也要讲求节制,因为大学生的经济来源主要来自家庭,所以在选择自己的休闲生活方式时一定要考虑自己的经济承受能力,对一些高消费的休闲活动应该量力而行,绝不能相互攀比。

三、自觉遵守休闲规则

健康休闲有四忌:一忌"懒惰"。当个勤快人。既要注意改善饮食,又不能过分贪吃,伤及肠胃;既要保证睡眠,又不能整天嗜睡,从不参加晨练。二忌"痴迷"。当个守节知度的人。把休闲当做业余爱好,参加琴棋书画、唱歌跳舞类活动无可厚非。怕只怕过分痴迷,频繁外出,夜不归宿,使身体受损,亲友侧目。三忌"邪门"。当个头脑辨真伪的人。参加体操练功活动要以修身养性为目的,对邪教组织和其他封建迷信活动应提高警惕,防止误入歧途,受骗上当。四忌"愚学"。当个明智务实的人。死读书、读死书既有害于学习,又无益于从业,我们应提倡休闲式学习,即"乐学""做学""观察学习""交往学习",着重于学习隐性知识、即时信息和各种社会经验。

四、提高自我休闲能力

通俗地说,休闲能力就是会不会"玩",它是保证休闲活动质量的重要条件。休闲能力以观察力、记忆力、想象力、思维力和体力体能为基础,逐步演变成多种专业能力和社会能力。从广义上看,还包括休闲评价能力、休闲选择能力、休闲专业技能和组织管理能力等方面。于光远同志很早就提出,"玩是人生的根本需要之一""要玩的有文化""要有玩的文化""要研究玩的学术""掌握玩的技术""发展玩的艺术"。

控制论的创始人美国数学家维纳在他晚年写下的《自传》中,以较多的笔墨记述了自己在童年时是如何玩的——爬迷宫,玩滑梯,打群架,摆弄扩音机、万花筒、幻灯机,与妹妹"过家家",这一切使他愉快,一些奇思妙想总是伴随他,并激励他成为一名科学家。

休闲能力是保证活动质量的重要条件,大学生要提高自己的休闲能力,首先必须结合自己的兴趣和爱好,培养积极的休闲动机、情趣和参与意识;其次必须在学习和丰富休闲知识的基础上善于模仿、勤于体验、反复实践,掌握休闲的各种技能和技巧。

五、广泛的休闲兴趣

兴趣是最好的老师。大学生如果能注意培养自己的业余爱好,进行多方面的自我娱乐活动,就可以在寂寞孤独、烦闷忧郁时,通过自我娱乐来缓解内心的压抑,这对心理健康极有好处。大学生培养兴趣爱好,既可以"专一致志",也可以"丰富多样"。所谓"专一致志",就是通过学习掌握一种适合自己的休闲方法，并且不断地深入发展，形成兴趣爱好，获得生活乐趣，充实闲暇生活。所谓"丰富多样"，就是在休闲活动时不断追求新颖，丰富体验，扩展知识，使闲暇生活成为一个多彩世界。大学生必须掌握一种休闲方法，并持之以恒，形成兴趣爱好，以便终身享用。除此之外，我们还应该尽可能多地尝试各种休闲活动，丰富文化生活，增添生活乐趣和情趣。

毛泽东喜欢游泳是人所共知的，"自信人生二百年，会当击水三千里"。直到七十以上高龄还能"万里长江横渡"。此外，他还喜欢读书、研究书法、打乒乓球等。

恩格斯喜欢骑马、旅游，甚至对骑术和骑兵史也做过科学的研究。他还喜欢音乐，会谱曲子，喜欢画画，尤其擅长画人物肖像、风景素描和漫画。

科学家队伍中爱好艺术的人不少。爱因斯坦、普朗克、哈恩在一起的时候可以组成一支水平很高的室内乐演奏小组：爱因斯坦拉小提琴，普朗克弹钢琴，哈恩伴唱。

英国生物学家、进化论的奠基人达尔文，对音乐、名画和雕刻等很感兴趣，但后来由于全神贯注研究进化论，对那些艺术活动的兴趣减弱了，消失了。但他又觉得，这些兴趣的消失可能有害于自己。于是他给自己做了规定：每周至少读一次诗，听一次音乐。他的长期坚持，使他具有良好的文学修养和良好的表达能力。

风雨彩虹：大学生挫折心理调适

【情景导入】

日本组织几十位年轻妈妈到上海市民家做客，有一位一岁多的日本小男孩抓起桌子上的一只生馄饨就往嘴里塞。上海房东欲要制止，其母却说："让他去，这样他才知道生的不能吃。"小男孩咬了一口，果然皱着眉头吐出了生馄饨。还有一个不到三岁的日本小女孩下厨切辣椒，被呛得眼睛流出泪，直打喷嚏。上海房东递上毛巾，也被其母拦住：让她自己想办法解决。后来这位小姑娘切完辣椒，半眯着眼走到毛巾架跟前，取下毛巾到水龙头前擦洗着眼睛。日本妈妈为什么要对孩子进行"挫折教育"呢？其中的一位妈妈这样说道：我们是资源贫乏的国家，任何事情都要靠自己努力，对孩子进行挫折教育，使他们在挫折中学会本领，将来才能自食其力，尽快地适应社会，迎接挑战。

种子不落在肥土而落在瓦砾中，有生命力的种子绝不会悲观和叹气，因为有了阻力才有磨练。生命开始的一瞬间就带着斗志而来的草，才是坚韧的草，也只有这种草，才可以傲然地对那些玻璃棚中养育着的盆花嗤笑。——夏衍《野草》

第一节 挫折概述

人生之路不可能一帆风顺,要经历许多的风雨和曲折,所谓"人生不如意事,常十有八九"。一个人在追求理想、走向成长和成功的道路上,经常会碰到坎坷、阻碍、苦难、打击和失败。

一、大学不是个保险箱:什么是挫折?

(一)挫折的涵义

挫折,通俗说就是"失败""碰钉子"。挫折是人在为满足某种需求的动机及行为受到阻碍时感知到的心理紧张和情绪状态。

挫折包括三个方面的涵义:一是挫折情境,指造成需要不能获得满足的内外障碍或干扰等情境因素;二是挫折反应,即当需要不能满足时产生的情绪和行为的反应,这属于主观体验;三是挫折认知,即对挫折情境的认识和评价,这是主观反应。

个体受挫与否,是由当事人对自己的动机、目标与结果之间关系的认识、评价和感受来判断的。对某个人构成挫折的情境和事件,对另一个人不一定构成挫折,这就是个体感受的差异。法国19世纪的大文豪巴尔扎克根据自己丰富的人生体验,形象地把挫折比作一块石头。石头本身是中性的,无所谓好坏,但对于不同的人就会产生不同的影响:对于强者它可以成为垫脚石,让人站得更高;对于弱者它可以成为绊脚石,使人一蹶不振。

(二)挫折"潜伏"在我们的生活中

1. 大学生中常见的心理挫折类型

大学生活是人生的重要时期,大学生活质量的好坏将影响着一个人的许多方面。许多学生在进入大学前以为大学各方面都是美好的、理想的,他们经过艰苦拼搏,"过五关,斩六将",终于考进了一所高等学府,心情比较激动,充满想象和期待。可是进入大学后,才发现大学也有其不如意处。大学不是个保险箱,大学生甚至面临着比过去更多更复杂的心理压力。学业、就业压力大,人际关系不好相处,沉重的经济压力,感情上的纠葛等,使得一些大学生经常处于一种低落、焦虑、紧张的情绪之中,经常体验到一种挫折感。大学生中常见的心理挫折主要表现在以下几个方面。

(1)大学生正处于人生发展阶段的青年期中后期,这一时期是大学生自我意识形成的关键时期,也是性生理发育日趋成熟的时期。所以,大学生遇到的挫折常常与自我认识、自我定位、性心理、恋爱等方面有关。

(2)大学是一个集体生活环境,同时也是一个学习压力大和竞争意识激烈的环境。很多大学生都是第一次离开父母和家庭开始独立生活,所以,大学生在人际交往、个人发展过程中经常会遇到挫折。

(3)大学是一个不同于中学的新的成长环境,大学生,特别是低年级学生,将面临大量的适应问题,在生活习惯、专业学习、人际关系、经济来源等方面经常会遇到各式各样的挫折。

(4)大学是为未来职业生涯打基础的阶段,大学生,特别是高年级的学生,越来越关注就业问题,在求职阶段过程中也常常会遇到这样或那样的挫折。

2. 大学生的挫折反应特点

人们对挫折的反应有着不同的情形,有的情绪反应强烈,有的则不明显;有的以各种偏激的行为表现出来,有的则以积极的方式来对待。一般来讲,人们对挫折的反应主要表现在以下三个方面:

1)情绪性反应

情绪性反应是指人们在受到挫折时伴随着强烈的紧张、愤怒、焦虑等情绪所做出的反应,可能表现为强烈的内心体验,也可能表现为特定的表情或行为反应。情绪性反应多为消极性反应,主要表现为冷漠、焦虑、退化、幻想、逃避、固执、攻击、自杀等。

2)理智型反应

理智型反应是指人们在受到挫折后,采取积极进取的态度,在理智的控制下所做出的反应。通常,人们在遭受挫折后都会出现紧张状态,都会在某种程度上做出某种情绪性反应。其中,有些人始终被情绪所控制不能摆脱,而有些人则能够及时调整,保持冷静,面对现实,审时度势,采取积极的态度和方式对待挫折。

所以,理智性反应是对挫折的积极反应方式,主要表现在以下两个方面:第一,坚持目标,逆境奋起,矢志不渝。第二,调整目标,循序渐进,不断努力。

3) 个性的变化

通常情况下,挫折对人的影响都是暂时的,随着具体的挫折情景和条件的改变,随着时间的推移或受挫者认识上的变化,受挫者在受到挫折后所感受到的紧张状态会逐渐消失。但人们在受到挫折后,会对挫折者产生久远的影响,甚至影响到个体的形成与发展。挫折对个性的影响,一般是在人们连续经历挫折,或者遭受特别重大的挫折的情况下产生的。由于导致挫折的情境和条件相对稳定并长期持续,由此产生的紧张状态和挫折反应就会反复出现,久而久之这些反应方式就会逐渐固定下来,使挫折者形成了习惯和一些突出的个性特点。

第二节　大学生产生挫折的原因

一、大学生心理挫折的表现

大学生缺乏社会经验,世界观正处在发展和形成的过程中,容易从主观出发处理生活中遇到的问题,一旦有不顺心的事情,顺其发展,在其身体、经济、感情上的损害都有可能造成巨大损失,产生挫折。

（一）大学生交往挫折

失调的人际关系是人类心理病态的主要原因。人们活在集体里都希望获得归属感与尊重,而人际交往是其基本手段,也是形成良好个性品质的主要途径。如今大学生出现了各种"宅"的现象,人与人交往的机会减少了。大学里的学生来自五湖四海,每个人的成长环境千差万别。现实中,通信设备越来越发达,虚拟交际圈也越来越广,大学生角色也日益呈现多元化,进而导致人际关系更加复杂。那些具有攻击性、反抗性的学生的人际关系可能更容易一团糟,不合群的性格,使自己在同学中处于被误解、被冷落的境地,时间久了,就会产生精神压力,产生冷漠、自卑等不健康心理。

（二）理想与现实反差大

大学是一个不同于中学的新的成长环境,在高中生眼里,高中是一个紧张学习的过程,而大学是象牙塔,是一个自由轻松的国度。但实际上大学就是一个社会的缩影,激烈的竞争也给大学生带来很大的压力。大学是全国高材生聚集地,一些学生进了大学,以往的学习成绩优势就越来越被削弱,失去了光环但心里又不甘落伍,使得学习压力和心理压力都增大。有的学生觉得自己缺少舞台,才华长处无处施展,沉溺于幻想之中,逃避现实。入学后,对那些平时习惯于依靠父母的人来说,日常生活的自理也是一个难题。这是因为宿舍代替了家,成了主要的生活区,离开父母,很多琐事都需要自己去尝试,去解决。再加上大学生对未来的美好规划,充满信心,而现实中,自己在大学里并没有感受到自己的优秀,感觉自己离理想越来越远,现实和自己的理想脱节,心理产生焦虑。

二、原因分析

（一）学习生活环境

大学生正处于一个从不成熟走向成熟,从依赖走向独立的年龄,自己的"三观"容易受外界的影响,容易由环境造成各种挫折心理。找工作难使大学生感到前途渺茫。社会上表现的各种负面现象,如腐败、堕落等,也同样摧残了一些大学生的心灵,使他们的道德观念出现滑坡。在校园里,学生分别来自不同的地域,拥有不尽相同的文化背景、价值观念,再加上他们是从学校走入学校,处理人际关系的经验较少。要想在短期内建立起一种融洽的人际关系,既需要娴熟的交往技能,又需要积极的交往模式,人际交往很有难度。家庭环境是影响大学生的行为和心理的直接因素,它主要包括父母的教育方式、家庭的情绪氛围、家庭经济状况及家庭人口结构等方面。

（二）学生自身因素

大学生活范围比较小,交往对象主要包括老师、同学、父母,相处方式简单直接,因此可作为自我认识参照点少,大学生对自身的认识局限性较大,不能对自己正确定位。大学生生活阅历浅,对自我评价高,理想色彩较浓,导致对生活抱有比较高的期望值,这就容易使他们感到生活现实很残酷,与主观愿望差距很大,这种差距给大学生带来苦恼和冲突,导致一系列心理挫折。自身又不能正确认识挫折,使心理挫折不能得到很好的解决。

第三节　大学生的挫折心理调适

大学生受挫后,他们的心理平衡遭到破坏。大多数情况下,他们感到困扰、不适应,甚至痛苦,这些都对其行为产生较大的影响。这种反应有的明显,有的不明显。这些反应经过强化和重复,逐渐成为对待心理挫折的一定习惯表现方式。因此,大学生能否进行合理的自我调适就显得尤为重要。

一、确立正确的人生态度

人的一生中,挫折和逆境不可避免。然而,同样是面对挫折、困难,每个人的反应却是不同的。有的人退缩了、沉沦了,有的甚至采取了极端形式;而还有一些人则不屈不挠,勇敢迎接挫折和困难带来的挑战,积极应对挫折,进而战胜挫折,成为生活的强者。因此,以何种人生态度对待挫折对人生的发展具有重要意义,而且一个人有无正确的人生态度,往往在对待挫折的态度上最能表现出来。老子在《道德经》中讲的:"祸兮,福之所倚;福兮,祸之所伏"的道理,"塞翁失马,焉知非福"的故事,以及亚里士多德的"人生充满机会和变化,人最得意的时候,有最大的不幸光临",培根说的"一切幸运都并非没有烦恼,而一切厄运也并非没有希望",都说明了同一个道理,即要辩证看待生活中的成功与失败,二者有时可以相互转化。

二、正确认识自我和评价自我

由于当代的大学生大多没有经历过艰苦生活磨练,社会阅历不够丰富,他们往往对自我的认识与评价不到位,要么高估,要么低估。他们一般有着极其强的成就动机,总想出人头地、大展宏图,因而对自己的目标定位过高。但是社会环境总是非常复杂的,面对激烈的竞争压力,大学生却又缺乏迎接挫折与困难的心理准备,常常在挫折面前又表现得信心不足而迷惘无措,情感表现得敏感、脆弱。

因此,大学生必须正确认识自我和评价自我。正确地认识自我和评价自我,就是指大学生应根据自己的学习要求、成长要求,恰当地分析自身的长处和不足,对自己的不足要有充分的理解,这样才能扬长避短、取长补短,实现自我价值。例如,考试原本可以取得好成绩,可是由于自己身体不好或试题偏难而没有达到预期目标,这时就要做好两种心理准备,一是自己超常发挥,如期取得好成绩;二是无法克服困难,难以实现预期目标,学会原谅自我,从而保持良好的心理状态。

三、进行科学的挫折归因

美国心理学家韦纳对人们失败的归因进行了研究,认为一般情况下失败有客观因素和主观因素。人们把失败归于何种原因,对以后的活动和积极性产生很大的影响:把失败归于主观原因,会使人感到内疚和无助,如一个学生认为自己成绩不好是由于学习不够努力造成的;把失败归于客观原因,会产生气愤和敌意,如一个学生认为自己没有考好是由于教师教学水平差或试卷难度太大。大学生应特别避免韦纳提出的两种错误归因模式,受到挫折后应该冷静、客观分析自己失败的原因,找出造成失败的真正原因,对挫折做出客观、准确的分析,提醒自己做换位思考,就能逐步改变自己的不合理认知,从而减少受挫的可能性。

四、适度调整抱负水平

研究表明,一个人能否体验到挫折,与他的抱负水平密切相关。抱负水平是一个人对自己所要达到的目标规定的标准。所规定的标准越高,表明抱负水平就越高,反之亦然。大学生都有一定的追求目标,而且目标水平的高低与其所确定的标准是否合适相当重要。如果个体的抱负水平很低,固然它很容易达到他所期望的目标,但是,他决不会拥有较高的满足感,因而也就不可能激发出他潜在的自尊与自信。如果这种心理状态持续时间很长,主体就会不可避免地产生因空虚和不满足感所带来的挫折心理。反之,如果个体的抱负水平过高,超过了自己能力所及的范围,即使他竭尽全力,还是力不从心,达不到自己所定的目标,长此以往,也容易产生挫折心理。当然,抱负水平与挫折心理并不存在绝对的正相关,但是,心理学研究表明,抱负水平越高,受到挫折的可能性就越大。因此,综合考虑社会客观条件和自己的主观条件,确立科学的抱负水平对有效地防止和消除挫折心理是十分重要的。

五、合理运用心理防御机制

面对挫折时，人的心理平衡往往遭到破坏，多数情况下，人们会感到困扰、不适应，甚至体验到一种痛苦的折磨。出于人的自我保护本能，人们会有自觉或不自觉地要消除或减轻这种状态的倾向，会有意无意地采取某种方式来恢复心理平衡，即人有一种摆脱痛苦、减轻不安、恢复情绪、平衡心理的自我保护机制，通常称之为心理防御机制，或心理自卫机制。适当运用心理防御机制主要是充分发挥心理防御机制的积极作用，尽量避免其消极影响。有利于大学生成长的积极的心理防御机制主要有幽默、坚持、补偿、升华等。

第四节　意志力培养与提高挫折承受力

人们在实现自己所追求的目标过程中，不可能不遇到困难，也常常会遭受挫折，从某种意义上讲，人的一生就是不断战胜困难、化解挫折从而获得发展的过程。困难和挫折对于人们来说，既是一种危机，也是一种挑战。

在遇到挫折时，意志力强的人能够自觉控制和调节自己的心理和行为，面对现实，找出失败的原因，施展所有的本领来对付困难，善始善终地将计划执行到底，直至目标实现。意志力强的人对挫折的适应能力、承受能力都较强，并能将挫折进一步转化为促进目标实现的积极因素，进一步增强自己的自信心。意志薄弱的人往往缺少信心和主见，对自我的控制和约束力较差，在遇到挫折时，容易改变行为的方向，容易回避现实，采取消极的应对方式，其结果不仅严重影响既定目标的实现，同时还进一步降低自信心和降低对挫折的承受既定能力和适应能力，甚至出现意志消沉和精神障碍。

大学生大多数都是刚刚从父母的庇护下走出家门，社会实践少，经受的挫折不多，意志品质的锻炼和培养普遍不足，主要表现为意志品质的发展不充分，处理动机冲突的能力不强，目标调整能力差，缺乏韧性、恒心和毅力，容易受外界影响等。所以,大学生要想获得发展,实现自己的远大理想和奋斗目标,就必须在实践中不断磨砺自己,努力提高自己的挫折承受力和意志力。

一、树立正确的挫折观

提高挫折承受力,首先要对挫折有一个正确的认识。挫折是普遍存在的,随时随地都可能发生;挫折是客观存在的,是人们生活的组成部分。因此,大学生应做好面对挫折的充分的心理准备,一旦遇到挫折,就不会惊慌失措,痛苦绝望,而能够正视现实,敢于面对挫折的挑战。同时,也应该看到,挫折也并不是总发生的,生活中还有很多欢乐、幸运和幸福的事情。所以,大学生在遇到挫折时,不应只看到挫折带来的损失和痛苦,还应看到自己的优点和已取得的成绩,不应始终停留在挫折产生的不良情绪之中,而应尽快从情感的痛苦中解脱出来,理智面对挫折。

二、积极投身实践活动,不断磨砺自己和积累经验

挫折具有两面性,既具有给人打击,使人痛苦的消极的一面,也具有使人奋进、成熟、从中得到锻炼的积极的一面。生活中的挫折和磨难并不都是坏事。平静、安逸、舒适的生活,往往使人安于现状和享受;挫折和磨难,却使人受到磨砺和考验,变得更加成熟和坚强。因此,大学生应积极投身实践活动,在实践中不断磨砺自己,提高自己的意志力,培养坚强的意志品质。在实践过程中,不要惧怕失败,要善于从失败中总结经验教训,化消极因素为积极因素,使挫折向积极方向转化,不断提高自己解决困难、战胜挫折的能力。在总结经验教训时,应着重考虑确定的奋斗目标是否恰当、实施的途径和方法是否正确、造成挫折的原因来自何处、转败为胜的办法在哪里。

三、学习和掌握一些自我心理调节方法,主动寻求社会支持和心理咨询的帮助

学习和掌握一些自我心理调节方法可以有效地化解挫折而产生的焦虑、紧张等不良情绪,从而提高挫折承受力。常用的自我心理调适方法有自我暗示法、放松调节法、想象脱敏法、想象调节法和呼吸调节法等。

提高挫折的承受力,还应建立和谐的人际关系,营造自己的情感社会支持系统。当人遇到挫折时,一般都伴有强烈的情绪反应,处于焦虑和痛苦之中,这时,如果有几个好朋友或者亲友能够给予安慰、关心、支持、鼓励和信任,将能有效地缓解心理压力和降低情绪反应,从而增强对挫折的承受力。所以,大学生在遇到挫折时,不应将自己封闭起来,而应尽快找自己的好朋友和家人进行沟通,寻求他们的支持和帮助。

　　当一个人受到挫折后陷入不良情绪中不能自拔时,还可以寻求心理咨询师给予系统专业的疏导和帮助。通过心理咨询,受挫者在心理咨询师的引导下,校正主观认识,发挥内在潜力,消除心理障碍,明确前进方向,化解不良情绪和行为反应,最终获得心理上的成长,提高挫折承受力。

第十章

珍爱生命：大学生生命教育

【情景导入】

大三学生李某因男友与别人相恋，感情不能自拔，长时间情绪低落，不与人交往，拒绝外出实习，抑郁成疾，她很痛苦：男友怎么突然爱上了别人？失恋不仅影响到她的正常生活，更使她怀疑是否所有男生都没有任何真感情可言。她实在不知如何才能从这种状态中走出来，觉得生活没有任何意义，甚至产生了自杀的念头，她不停问自己：人为什么而活？

李某向心理咨询师吐露自己性格敏感、从小缺乏自信，刺激事件发生后受到巨大打击，产生了不合理信念——认为男生没有任何情感可言，甚至产生了自杀意念，由此可见李某的生命教育是欠缺的。通过心理咨询，李某改善了不合理认知，逐步认识到生命的意义和重要性。

在大学生的现实生活中，不只有欢声笑语、鲜花掌声，还有烦恼苦闷、颓废无聊。社会的变革，大学生自我意识的冲突，世界观、人生观、价值观的不确定甚至扭曲，在很大程度上导致大学生的生命困惑。如何了解、认识和回应这些严重影响大学生生命观念的刺激事件，树立正确的生命观，是当代大学生面临的现实挑战。

第一节　生命教育概述

一、什么是生命教育

20世纪60年代,生命教育从西方国家起步,80年代逐渐推广,至90年代台湾地区大规模、有系统地开展,生命教育本土化研究逐渐成形,越来越多的学者感到尊重生命、关爱生命的重要性。2010年《国家中长期教育改革与发展纲要》指出,"重视安全教育、生命教育、国防教育、可持续发展教育""把促进学生健康成长作为学校一切工作的出发点和落脚点",要让学生"学会生存生活,学会做人做事"。由此,生命教育被提到了国家教育发展战略的新高度。

通常所说的生命教育是指通过生命知识的学习,建构生命及人生等重大问题正确的基本信念,其核心是珍惜生命、注重生命质量、凸显生命价值。生命教育根本上是要通过全方位、多层次生命知识的学习,改变我们关于生命的不合理认知,建构正确的生命信念。与此同时,正确的生命信念必然唤起正确的生命态度,即个体对自我生命的肯定、接纳、珍爱,对生命意义的自觉、认同、欣悦,对他人生命及全世界生命的尊重与关怀。

一般意义上,生命教育的最低目标是克服生命困顿,预防生命伤害,保全自然生命;生命教育的次级目标是提高抗挫能力,确立自己把握命运的信念,提升生命的能量;生命教育的最高目标是创造生命的美好,构建积极的人生观,培养一颗珍爱自己,尊重他人的心。

二、大学生生命教育界说

大学阶段是生命的重要转折时期,世人普遍认为,大学生应该是充满阳光、自信、活力的群体,是经历过无数考试锤炼、有较强心理承受能力的群体。可近年来,关于在校大学生自杀和他杀等恶性事件时有耳闻,此类事件的频繁发生,反映了大学生遇到困难容易选择逃避、走极端,对生命的认识极为浅薄,把对自

大学生心理健康教育(第二版)

己的伤害和他人生命的伤害作为唯一解决问题的办法。因此,开展大学生生命教育,教会大学生学会关爱生命和他人,对现阶段的大学生学习和生活将起到至关重要的作用。

（一）大学生生命教育的必要性

生命教育在大学生中至今未引起足够的重视,但是为了提高大学生的综合素质,提升大学生对于生命价值和人生目标的正确认识,对大学生的生命发展提供有针对性的教育与指导,就必须在大学生心理健康教育中加入生命教育,培养学生的生命意识,珍惜自己和他人的生命。

1. 大学生生命教育是高校教育发展的必然要求

我国高校中,大学生对于生命的认识薄弱,存在不能正确对待自己和他人生命的现象,不理解且无法寻找生命的意义所在,往往因此产生对生命的认知偏差。现在高校所开设的课程中,应加强大学生生命教育的体验性和实践性,结合高校发展的新趋势和新热点,注重对于大学生生命意识的培养和感知,教会学生尊重生命、珍惜生命、爱护生命,这才能真正达到高校进行生命教育的要求。

2. 大学生生命教育是适应社会变化发展的迫切需要

大学生作为推动社会发展的主力军,同时也被社会变化发展所影响。我国经济的迅速发展,一方面改善了生存环境和生活质量;另一方面也转变了大学生的价值观念,冲击了传统的文化意识。大学生中很多想法较为现实,认为只有金钱才能带来好的生活,如果没有金钱,活着也就没有了意义。扭曲了生命所存在的价值,甚至无视自己和他人的生命,这反映出当代大学生对于生命认识的匮乏。生命教育的开展,就是要加强大学生了解生命、认识生命,引导学生正确思考生命的价值与意义,结合社会环境的变化,寻找自己的目标和定位,培养学生建立生命责任感,以积极的心态来适应社会发展。

3. 大学生生命教育是促进大学生身心健康发展的必要途径

大学生的身心能否健康发展,一直以来是教育者们关注的焦点。大学生中存在的心理问题主要与他们的学习、生活息息相关,包括适应问题、学习问题、人际交往问题、恋爱问题等。这些都可能引起大学生心理异常,情绪波动。一些大学生对生命认识淡薄,在遇到挫折问题时,一味地逃避,只会选择采用极端的消极的方式来解决,而没有面对困难的勇气。当心理问题异常严重时,就有可能选择伤害自己或他人生命的方式来解决。生命教育能够促进大学生的身心健康，培养大学生正确认识自我、认识生命、合理的控制和调节情绪，从而教会大学生处理自己与他人、社会的关系，以积极的心态来面对挫折和困难，领悟生命的真谛和意义。

(二) 大学生生命教育的内涵

大学生生命教育主要以大学生这一群体为教育对象，通过科学系统的教育方式，引导大学生认识生命，珍爱生命。在大学生中进行"生命、生存、生活"的"三生"教育，使其学会正确处理与自己、他人、学校、社会、家庭等之间的关系，培养大学生树立正确的生命观。

1. 认识生命真谛

"生命"的概念很广阔，它不仅包括人类的生命，也包括自然界中各种有生命的动植物。

但是，动物之间的生命认识是低级、本能的认识；而人类对于生命要有更深层次的认识。生命，对每个人来说都是相同的，有且只有一次。生命，是无法掌控和预知的。就如同每一朵花，只能开一次，只能享受一个季节的热烈的或者温柔的生命。大学生生命教育，就是要让大学生正确认识生命，了解生命的短暂和脆弱，珍惜宝贵生命，尊重自己和他人的生命。

2. 学习生存技能

从古至今，人类的生命能够一直繁衍发展，绝不只是"活着"这么简单，生命的存在和发展是与学习各项生存技能紧密相连的，只有掌握了生存技能才能使生命朝着更好的方面发展。而大学生生命教育也要对其进行关于生存技能的学习教育，让大学生学会生存，在遇到问题时能够积极面对，培养乐观的生活态度和健全的人格，提高大学生的抗压抗挫能力，增强自我防范意识和应急意识，能够在危急情况下进行自救和救人。

3. 了解生命价值

对于大学生生命价值的教育，是生命教育最重要的内涵。生命的价值，在于人为什么而活。因此，生命教育就是要让大学生认识到人和人是平等的，每个人都有自己的价值，大学生要学会尊重自己、尊重他人。只有正确地认识生命，掌握必要的生存技能，才能更好地创造生命的价值，从而树立明确目标，树立远大理想和抱负。

4. 实现人生意义

认识了生命,学习了生存价值,了解了生命的价值之后,个体要怎样去实现人生的意义呢?生命对于每一个人来说都是不同的,是独一无二的。每个大学生都要明白,自己是这个世界上独一无二的个体,在脾气、性格、兴趣、爱好等方面,不可能有另外一个人跟自己完全一样,同样,每个人也都有着自己独特的生命价值。大学生生命教育,不仅要让大学生认识到要努力实现自己的人生意义,而且能够正确看待他人的人生价值,学会尊重他人。

(三)大学生生命教育的意义

大学生生命教育是大学生身心健康成长的有效保障,也为大学生成长成才奠定了理论和实践基础,让大学生学会认识生命教育后,实现自我人生价值和意义,体现了大学生生命教育的意义。

1. 理论意义

大学生能否正确、积极地认识生命,学习生存技能,创造生命价值,是大学时期关注的重点。那么怎样才能保证大学生在大学阶段中能够更好地认识自己、尊重他人、适应社会,从而获得身心的全面健康发展呢?这也就是开展生命教育的意义所在,引导学生探索生命源头,认识生命和尊重生命,只有对生命有了系统的把握,才能去思考生命的内涵和意义。生命教育也是生存技能、生命质量的教育,要教育和引导学生认识到生命的可贵与美好,让他们懂得珍爱生命,积极生活。所以,大学生生命教育对于生命的认知,对于生存能力的增强,对于生活质量的提升,对于自我价值的实现都奠定了理论基础。

2. 实践意义

生命教育课程在大学生中的开展,激发了学生对于生命问题的思考,培养了学生树立正确理性的生命意识。在解决大学生藐视生命,对生命不珍惜,缓解学生的心理压力等方面,为教育大学生用所学到的知识技能指导和帮助更好的生活,健全大学生的人格,树立正确的生命价值观,尊重自己和他人的生命方面起到了至关重要的作用。

三、大学生生命教育的具体目标

针对大学生的心理机能及行为特点,考虑大学生生命教育目标实施后的效

果,大学生生命教育的具体目标可由以下几方面组成:

（一）大学生生命教育的认知目标

大学生生命教育,需使大学生对生命问题产生一系列的心理活动,在了解生命的基础之上,引导学生发现生命的真谛,形成关于生命的相关知觉、概念,探求"人为什么活着""怎样活着"等人生问题,从而完成生命的认知目标。同学们需明确"志当存高远",成功是在不懈的追求与奋斗中实现的,尽管这一过程中逆境和挫折不可避免,但无论身处顺境还是逆境,都要积极乐观地去面对。不少大学生对生命的理解存在偏颇,轻视生命,由于缺乏对生命的认识导致了恶性后果,所以大学生生命教育的认知目标相当重要。

（二）大学生生命教育的情感目标

开展生命教育,需要使大学生对生命问题产生一定的态度体验,帮助大学生学会调控情绪,在此基础之上珍惜和爱护生命。现代社会充满挑战与竞争,学习、就业压力渐趋加重,每个人面对挑战都有成功和失败的可能,如何做到胜不骄、败不馁,调节过激情绪,保持平静恬淡的心境,坦然面对人生中的起起伏伏,至关重要。通过开展生命教育,不但要让大学生学会调控情绪,更要让大学生为生命负起责任。生命是大学生成长成才的基础保障,生命是可贵的、单向的,没有了生命就没有了一切。

（三）大学生生命教育的行为目标

大学是人生发展的新阶段,环境的巨大变化给当代大学生提出了新的挑战,提高适应性行为、培育生活技能刻不容缓。帮助他们认识大学生活的特点及转变,提高适应能力、获得必要的生活和人际交往的技巧,为走上社会打下基础,以创造出更高的生命价值是开展生命教育的行为目标之一。与此同时,大学生生命教育的行为目标更是要预防大学生自杀自伤。研究表明,大学生自杀自伤现状不容乐观,高校开展生命教育,建立起学校、家庭、社会一体化联动预防机制,帮助有自杀意念的大学生打消念头,重新树立起生活的信心,才能使大学生的生命之花绽放光彩。

第二节　大学生生命观现状

2017年12月5日，教育部印发《高效思想政治工作质量提升工程实施纲要》对高效思想政治工作提出新的要求。生命教育是大学生思想政治教育的元基点，对大学生思想政治工作的有效开展意义重大。

生命观是个体对生命的认识，反映了对自己和他人生命的态度。

以"大学生生命观"为主题在知网上查询文章，综观多人的研究，大学生生命观状况的总体态势良好，积极乐观、健康进取是主流，同时，少数大学生的生命认知存在偏差，存在一些需要高度重视和亟待解决的问题。

一、大多数大学生能正确认识生命，少数大学生的生命认知存在偏差

如何看待生命？对这个问题的不同回答，也许会影响你的生命和生活的基调。大部分同学会给出"人最宝贵的东西是生命，因此我要好好珍惜它""生命不仅属于自己，还有亲人、朋友和社会的牵绊""对生命的最起码的尊重就是不伤害它"等回答。抱有这种态度的个体，对于生命持有更加积极的态度，更能正确认识生命存在的意义和价值，同样他们愿意以更加善意和积极的角度来看待自己、他人和社会，在面对挫折和困难的时候，更能够珍视生命、感受到人生的美好。

但是也有部分大学生在对生命的认知上存在偏差。认为"生命无所谓，意义不大""生命是一种负担，不如死了干净"等。因为认知上缺乏对生命的尊重和敬畏，在面临挫折和困难时，更容易产生焦虑、抑郁等负面情绪，也更容易产生极端的想法和做出极端的行为。

二、大多数大学生对自杀有理性认识，但不少学生表示曾经有过自杀的念头

也许每个人都有一段异常艰难的时光，在这段时光中，你可能经历了彷徨、迷茫，负面情绪如影随形，像是无法摆脱的阴影般的存在。在这样的状态中，也

许会产生"生活好辛苦,不如死掉算了""还有什么比面对这些情绪更让人痛苦的事情? 死亡也许是解脱"等自杀念头。其实人的一生中,也许或多或少地出现过自杀的念头,但实际上将自杀念头付诸行动的却是极少数。这一方面和我们的身心发展阶段和状态有着密切的关系,在我们身心发展不够成熟,状态也不够稳定的时期,面对挫折而又无法有效克服的情况下,逃避是我们能最快速的终止痛苦的方式,死亡可能是逃避的终极体现。但是在绝大多数情况下,我们也能清晰地认识到这种方式的不合理性,有时我们只是想要暂时地缓解一下挫折带来的负面情绪,并非真的想要离开这个世界,而死亡是一条单程线,一旦发生不可逆转。另一方面也与我们面临的压力大小有一定的关系,有研究指出大一新生产生自杀念头的比例高于其他年级。大一新生刚入学,新环境、新人际、新学业带来的压力,伴随的不安全感和不确定感增加,使得大一新生在遇到问题和挫折时,容易产生极端想法。随着环境的熟悉、学校教育和大学生活的熏陶,变得更有能力应对环境提出的要求,极端想法发生的概率和强度都会有所下降。

三、大多数大学生能正确认识生命的价值,少数大学生的人生价值取向偏向追求个人利益

生命的价值在于生命主体的赋予。如何最大限度地发挥生命的价值,实现自我发展和自我创造,也许是每位大学生需要经常思考的一个问题。关于生命价值的思考,可能很多同学都还记得这样的一段话:"人生最宝贵的是生命,生命每个人只有一次。人的一生应当是这样度过的,当回首往事的时候,他不会因为虚度年华而悔恨,也不会因为碌碌无为而羞耻,在临死的时候,他能够说:我的整个生命和全部精力,都献给了世界上最壮丽的事业——为解放全人类而奋斗。"也许我们并不能都像保尔·柯察金一样出生在那样的年代,有着类似的机遇去投身到解放人类的战斗中去,但是我们可以选择更加适合新时代的方式给我们的生命赋值。带着感恩的心,珍惜自己拥有的,追求美好的理想,为人生目标不懈奋斗,开拓进取。

与同学产生一点摩擦就蓄意杀人;压力太大,心理承受不了就跳楼自杀的事件让我们痛心疾首;生死观念淡薄、对自己和他人生命的漠视,令我们担忧。对于每个人来说,生命都是美好的,更多的是要懂得尊重和珍惜,只有先珍惜生命

的美丽,才会懂得生命的价值和意义。珍惜生命的每一天,让自己每天都充实,每天都活出别样的精彩,这也许就是我们给生命价值献上的最好礼物。

第三节　大学生突破生命困顿的途径

我们的生命一经赋予,便注定是一段饱含酸甜苦辣、五味杂陈的旅程。我们可能经历飞上云端的高潮,也可能经历跌入悲痛的低谷。在生活中,每个人在成长过程中都遇到过与人产生摩擦或不开心的事。当遇到人际交往上的摩擦时,你会怎么面对呢?是愤愤不平,以牙还牙?还是以宽广的胸怀去包容和宽恕呢?幸福喜悦,人皆爱之,而悲痛苦难却很少有人笑脸相迎。然而,正是因为生命的无常,我们才有机会去面对那些心底不愿触碰的礁石。要化解痛苦、失望、难堪等负面事件和情绪体验,需要我们敞开胸怀,学会接纳与包容、树立正确的生命观、提升大学生生命的社会价值,突破生命困顿。

一、包容宽恕

努力后的挫败、奋斗后的失望、决策后的悔恨,这些都可能使我们感到痛苦,甚至在心底里不断地谴责自己,无法原谅自己,造成身心俱疲。与此同时,失望、挫败、怨恨不仅仅来源于自己,也可能来自外在,比如他人的嘲笑与敌意,朋友的背叛与伤害,文化的不兼容与冒犯……

遭遇负面事件的人们常常会因此产生不可遏制的焦虑、抑郁、不满、愤怒等负面情绪体验,尽管有些事件已经过去很久,还是在心中留下不可磨灭的烙印,内心久久无法平静,甚至面临着生命困顿。哪怕负面情绪和记忆经过时间洗礼已经埋藏于潜意识,它仍然会在某一个瞬间通过各种方式和姿态呈现在生活的各个角落,造成挥之不去的痛苦体验。研究表明,这些被压抑了的情绪,其实都是防御机制下的自我保护,它们没有消失,只是被掩藏起来。走出痛苦,恢复内心平静,除了防御机制,我们还可以选择包容宽恕,做到真正地放下,就像海伦·凯勒说的:"教育的最高收获,乃是学会了宽恕。"

（一）包容宽恕与心身健康

研究表明,包容宽恕能够增进心理健康水平,减少焦虑、抑郁、愤怒等负面情绪,提升幸福感和希望。不少心理学家从生气、愤恨等不宽恕的角度研究它与个体心理健康的关系,研究结果表明采用负面情绪应对方式可能造成心理健康受损,心理健康水平降低,家庭功能失衡,而极端的仇恨可能会蔓延至整个群体,甚至代代相传。与此同时,积极心理学认为,如若人们将积极情绪法运用在生活的方方面面,就能收获真实的快乐和喜悦,因为包容宽恕能够帮助我们更好地应对伤痛,释放愤怒、仇恨等负面情绪,重新建立起良好的人际互动。

多年来,各个领域的研究者致力于关注包容宽恕与身体健康之间的关系。研究表明,极端生气的情绪会损伤身体的健康,例如,濒临高血压的女大学生,比一般正常血压的女大学生经历更多的生气情形。

（二）包容宽恕的本质

包容宽恕是个体在遭受到不公平对待后,对冒犯者的认知、情绪、行为反应逐渐从负面转向正面的心理变化过程。它包括:在认知层面,个体不再做出谴责性的评价和报复的念头,表现出积极认知与思维活动,如尊重对方;在情绪层面,愤怒、痛苦等负性情绪逐渐被中性情绪取代,最终转化为积极情感,如同情;在行为层面,个体摒弃报复性的行为。

当你迈向宽恕之路,你会发现沉重的步伐逐渐轻松起来,这个时候不论你回望过去还是展望未来,都会看到无限爱意在涌动。所有我们想要的,只不过是爱而已。选择了宽恕,就是选择了爱。

二、树立正确的生命观

人类每天都面临着生命的诞生与死亡,人体也因新陈代谢面临细胞的诞生、衰老、死亡,在此意义上来说,生死与我们相伴相随。只有树立起正确的生死观,才能敢于面对死亡,更加珍爱生命,创造出更大的生命价值。

（1）活出价值。生命不仅意味着肉体的存在,更是精神的载体,其价值除了肉体价值,更在于心灵的善良、人格的健全和灵魂的美丽。大学生只有把自己的命运同他人、社会、自然、宇宙的命运联系起来,才能实现自己的生命价值。"人有了物质才能生存,人有了理想才谈得上生活。你要了解生存与生活的不同吗?

动物生存,而人则生活。"生命价值不仅仅体现在生命的个人价值,更体现在生命的社会价值,在于为社会奉献。一个人,只有多为社会做贡献,其生命才是真正有质量的生命,才是真正有意义的生命,才能提升个体生命的价值。

(2)死得其所。指导和帮助大学生正确认识和对待死亡是大学生生命教育的重要环节。人对死亡的恐惧与生俱来,从恐惧死亡到接受死亡再到平静地面对死亡,是个体生命和思想走向成熟的过程。不管你职务高低、财富多少,人人都无法回避。意外死亡无法抗拒,然而面对其他死亡,死得是否有价值、有意义,是否死得其所,又是不同的答案。消防官兵奔赴一线抢险救火之时,将个人生命抛之脑后,以生命置换生命;贪生怕死、见利忘义者把危险留给别人,自己苟且偷生。近年来,大学生因人际交往、恋爱等问题轻易结束自己年轻的生命,不但给社会和学校造成不良影响,而且把最大的痛苦留给家人、老师和同学。种种生和死的考验反映出每个人不同的生命观。消防官兵在一线哪怕丢弃自己的生命,也要使人民群众获得重生、获得幸福,他们无怨无悔,这是一种伟大的生死观,是社会主义精神文明建设的标杆;贪生怕死、见利忘义者,他们选择的是人生的最低境界,往往会受人唾弃,甚至成为历史罪人;而因人际交往、恋爱等问题轻易走上不归路,是对自己、家人、社会极其不负责任的行为。大学生应有较高的思想境界,较强的社会责任感,面对生命的挑战,不应该选择逃避,而应主动承担。对于一个风华正茂的大学生来说,自杀行为是不可取的,自杀是懦弱的表现,死要死得其所。

三、培养大学生生命责任意识

培养大学生生命责任意识,提升大学生生命的社会价值,树立更高的生命目标,将小爱化为大爱,也是突破生命困顿的途径之一。我们都知道,生命个体的自身素质往往决定着生命的社会价值,因此,大学生要培养生命责任意识,提升自己生命的社会价值,需要从以下三个角度出发:

(1)从自身条件出发,正确客观地认识自己。大学时期是一个人自己条件变化较大的阶段,再加上社会经验、人生阅历等方面的局限性,大学生往往容易夸大或者低估自身的能力,不切实际地抬高或者贬低自己,从而给自己生命价值的实现带来阻碍。对大学生生命责任意识的培养,首先要肯定自我,忠实于自己,为生命负责。研究显示,大学生的自我意识水平发展越高,对生命的理解越透彻。因此,客观地认识自己,培养大学生自我意识,是培养大学生生命责任、确定生命价值目标的重要前提条件。

（2）通过学习、锻炼等方式和途径,努力提高自身的综合素质和能力。大学生自身的主观努力,在很大程度上决定这一个人生命价值的实现程度,这就要求我们要积极主动地通过学习、锻炼来提升自己的能力,为自己生命价值的创造和实现打下良好基础。

（3）始终保持自强不息的精神状态。当代大学生要实现自己的价值,就需要在实践中继承和弘扬中华民族顽强拼搏、自强不息的精神。畏惧劳苦,贪图安逸,坐享其成,最终只能虚度年华。"有志者,事竟成",只要始终保持自强不息的精神状态,具有与客观真理性的主导价值目标相一致的人生价值观,终将有所收获。

达·芬奇说:"度过有意义之一天,则带来香甜之睡眠;度过有意义之一生,则带来幸福之长眠"。生命的价值不在于生命的长短,而在于给生命留有多少感动。这样的生命不但具有自我价值,更富有社会价值,这样认识生命,才能更好地提升生命的价值。

自杀态度调查问卷

指导语:本问卷旨在了解国人对自杀的态度,以期为我国的自杀预防工作提供资料与指导,在下列每个问题的后面都标注有 A、B、C、D、E 五个字母供您选择,字母 A～E 分别代表您对问题从完全赞同到完全不赞同的态度,请根据您的选择圈出相应的字母。谢谢合作!

1. 自杀是一种疯狂的行为。 A B C D E

2. 自杀死亡者应与自然死亡者享受相同的待遇。 A B C D E

3. 一般情况下,我不愿意与有过自杀行为的人深交。 A B C D E

4. 在整个自杀事件中,最痛苦的是自杀者的家属。 A B C D E

5. 对于身患绝症又极其痛苦的病人,可由医务人员在法律的支持下帮助病人结束生命（主动安乐死）。 A B C D E

6. 在处理自杀事件的过程中,应该对其家属表示同情和关心并尽可能为他
们提供帮助。　　　　　　　　　　　　　　　　A　B　C　D　E

7. 自杀是对人生命尊严的践踏。　　　　　　　　　A　B　C　D　E

8. 不应为自杀者开追悼会。　　　　　　　　　　　A　B　C　D　E

9. 如果我的朋友自杀未遂,我会比以前更关心他。　A　B　C　D　E

10. 如果我的邻居家里有人自杀,我会逐渐疏远和他们的关系。

　　　　　　　　　　　　　　　　　　　　　　　A　B　C　D　E

11. 安乐死是对人生命尊严的践踏。　　　　　　　　A　B　C　D　E

12. 自杀是对家庭和社会一种不负责任的行为。　　　A　B　C　D　E

13. 人们不应该对自杀死亡者评头论足。　　　　　　A　B　C　D　E

14. 我对那些反复自杀者很反感,因为他们常常将自杀作为一种控制别人
的手段。　　　　　　　　　　　　　　　　　　A　B　C　D　E

15. 对于自杀,自杀者的家属在不同程度上都应负有一定的责任。

　　　　　　　　　　　　　　　　　　　　　　　A　B　C　D　E

16. 假如我自己身患绝症又处于极度痛苦之中,我希望医务人员能帮助我
结束我自己的生命。　　　　　　　　　　　　　A　B　C　D　E

17. 个体为某种伟大的、超过人生命价值的目的而自杀是值得赞许的。

　　　　　　　　　　　　　　　　　　　　　　　A　B　C　D　E

18. 一般情况下我不愿意去看望自杀未遂者,即使是我的亲人或好朋友也
不例外。　　　　　　　　　　　　　　　　　　A　B　C　D　E

19. 自杀只是一种生命现象,无所谓道德上的好和坏。　A　B　C　D　E

20. 自杀未遂者不值得同情。　　　　　　　　　　　A　B　C　D　E

21. 对于身患绝症又极度痛苦的病人,可不再为其进行维持生命的治疗(被
动安乐死)。　　　　　　　　　　　　　　　　A　B　C　D　E

22. 自杀是对亲人、朋友的背叛。　　　　　　　　　A　B　C　D　E

23. 人有时为了尊严和荣誉不得不自杀。　　　　　　A　B　C　D　E

24. 在交友时,我不太介意对方是否有过自杀行为。　A　B　C　D　E

25. 对自杀未遂者应给予更多的关心和帮助。　　　　A　B　C　D　E

26. 当生命已无欢乐可言时,自杀是可以理解的。　　A　B　C　D　E

27. 假如我自己身患绝症又处于极度痛苦之中,我不愿再接受维持生命的
治疗。　　　　　　　　　　　　　　A　B　C　D　E

28. 一般情况下,我不会和家中有自杀者的人结婚。　A　B　C　D　E

29. 人应该有选择自杀的权利。　　　　　　A　B　C　D　E

计分标准:1、3、7、8、10、11、12、14、15、18、20、22、25 题为反向计分,即选择 A、B、C、D、E 分别记 5、4、3、2、1 分。其余题均正向计分,即选择 A、B、C、D、E 分别记 1、2、3、4、5 分。

结果解释:

2.5 分及以下:对自杀持肯定、认可、理解和宽容的态度。

2.6～3.4 分:对自杀持矛盾或中立态度。

3.5 分及以上:对自杀持反对、否定、排斥和歧视态度。

当代大学生生命观与生命教育状况访谈提纲

1. 你思考过人生的意义或人为什么活着的问题吗?

2. 你怎么看待自己的生命?

3. 你害怕死亡吗?你怎么理解死亡?有没有人跟你谈起过死亡这个话题?

4. 经常引起你情绪变化的因素是什么(外在的变化还是内在的感受)?

5. 你觉得父母最关注你的什么?老师最关注你什么?

6. 你觉得自己幸福吗?为什么?

7. 你认为事业成功的标准是什么?

8. 对待生命,你的座右铭是什么?

9. 你觉得有必要开展大学生生命教育吗?为什么?

心理测验

测验一　心理适应能力自测问卷

心理适应能力,指的是一个人在心理上进行自我调节、自我平衡,以适应社会生活和社会环境的能力。人在生活、学习和工作中,常常要面对环境变迁、理想与现实不一致、目标受挫之类的事,这就需要人主动调整自己,使自己的心理保持平衡。心理适应能力的高低,从某种意义上说,它代表着一个人的成熟程度,同时也是决定一个人心理健康水平的因素之一。为保持心理健康,建议大学生对自己的心理适应能力进行必要的自我检测,并据此采取适当的调节对策。以下是由我国心理学专业工作者编制的心理适应能力方面的自测问卷,具有一定的效度和信度。

下面的问题能帮助你进行心理适应能力的自我判别。请认真阅读,并决定其与你实际情况的符合程度,然后从每个项目后面所附的三种被选答案中选出一个来。

1. 我最怕转学或转班,每到一个新环境,我总要经过很长一段时间才能适应。（　　）

    A. 是　　　　　　　　B. 无法肯定　　　　　　　　C. 不是

2. 每到一个新的地方,我很容易同别人接近。（　　）

    A. 是　　　　　　　　B. 无法肯定　　　　　　　　C. 不是

3. 在陌生人面前,我常无话可说,以致感到尴尬。（　　）

    A. 是　　　　　　　　B. 无法肯定　　　　　　　　C. 不是

4. 我最喜欢学习新知识或新学科,它给我一种新鲜感,能调动我的积极性。（　　）

    A. 是　　　　　　　　B. 无法肯定　　　　　　　　C. 不是

5. 每到一个新的地方,我第一天总是睡不好,就是在家里,只要换一张床,有时也会失眠。（　　）

    A. 是　　　　　　　　B. 无法肯定　　　　　　　　C. 不是

6. 不管生活条件有多大变化,我也能很快习惯。（　　）

    A. 是　　　　　　　　B. 无法肯定　　　　　　　　C. 不是

7. 越是人多的地方,我越感到紧张。（　　）

    A. 是　　　　　　　　B. 无法肯定　　　　　　　　C. 不是

8. 我的成绩多半不会比平时练习差。（　　）

    A. 是　　　　　　　　B. 无法肯定　　　　　　　　C. 不是

9. 全班同学都看着我,我心都快跳出来了。（　　）

    A. 是　　　　　　　　B. 无法肯定　　　　　　　　C. 不是

10. 对他(她)有看法,我仍能同他(她)交往。（　　）

    A. 是　　　　　　　　B. 无法肯定　　　　　　　　C. 不是

11. 我做事情总是有些不自在。（　　）

    A. 是　　　　　　　　B. 无法肯定　　　　　　　　C. 不是

12. 我很少固执己见,常常乐于采纳别人的观点。（　　）

    A. 是　　　　　　　　B. 无法肯定　　　　　　　　C. 不是

13. 同别人争论时,我常常感到语塞,事后才想起该怎样反驳对方,可惜已

经太迟了。（　　）

    A. 是   B. 无法肯定   C. 不是

14. 我对生活条件要求不高，即使生活条件很艰苦，我也能过得很愉快。
    （　　）

    A. 是   B. 无法肯定   C. 不是

15. 有时自己明明把课文背得滚瓜烂熟，可在课堂上背的时候，还是会出差
    错。（　　）

    A. 是   B. 无法肯定   C. 不是

16. 在决定胜负成败的关键时刻，我虽然很紧张，但总能很快地使自己镇定
    下来。（　　）

    A. 是   B. 无法肯定   C. 不是

17. 我不喜欢的东西，不管怎么学也学不会。（　　）

    A. 是   B. 无法肯定   C. 不是

18. 在嘈杂混乱的环境里，我仍能集中精力学习，并且效率较高。（　　）

    A. 是   B. 无法肯定   C. 不是

19. 我不喜欢陌生人来家里做客，每逢这种情况，我就有意回避。（　　）

    A. 是   B. 无法肯定   C. 不是

20. 我很喜欢参加社交活动，我感到这是交朋友的好机会。（　　）

    A. 是   B. 无法肯定   C. 不是

【评分规则】

    凡是单数号题(1,3,5,7,……)，选"是"为－2分，选"无法肯定"得 0 分，选"不是"得 2 分。

    凡是双数号题(2,4,6,8,……)，选"是"为 2 分，选"无法肯定"得 0 分，选"不是"得－2 分。

【结果解释】

    35～40 分：心理适应能力很强。能很快地适应新的学习、生活环境，与人交往轻松、大方。给人的印象极好，无论进入什么样的环境，都能应付自如，左右

逢源。

29～34 分：心理适应能力良好。

17～28 分：心理适应能力一般，当进入一个新的环境，经过一段时间的努力，基本上能适应。

6～16 分：心理适应能力较差，依赖于较好的学习、生活环境，一旦遇到困难则易怨天尤人，甚至消沉。

5 分以下：心理适应能力很差，在各种新环境中，即使经过一段相当长时间的努力，也不一定能够适应，常常困惑，因与周围事物格格不入而十分苦恼。在与他人的交往中，总是显得拘谨、羞怯、手足无措。

如果你在这个测查中得分较高，说明你的心理适应能力较强。但是，如果你得分较低，也不必忧心忡忡，因为一个人的心理适应能力是随着年龄的增长、知识经验的丰富而不断增强的。只要你充满信心，刻苦学习，虚心求教，加强锻炼，你的心理适应能力一定会增强的。

测试二　自我和谐量表（SCCS）

以下列出了有些人可能会有的问题，请仔细地阅读每一条，然后根据您的实际感觉与情况，请在符合自己情况的项目标记栏中打"√"。

序号	项　　　目	完全不符合/完全符合				
		1	2	3	4	5
1	我周围的人往往觉得我对自己的看法有些矛盾	1	2	3	4	5
2	有时我会对自己在某方面的表现不满意	1	2	3	4	5
3	每当遇到困难，我总是首先分析造成困难的原因	1	2	3	4	5
4	我很难恰当表达我对别人的情感反应	1	2	3	4	5
5	我对很多事情都有自己的观点，但我并不要求别人也与我一样	1	2	3	4	5
6	我一旦形成对事物的看法，就不会再改变	1	2	3	4	5

序号	项 目	完全不符合/完全符合				
		1	2	3	4	5
7	我经常对自己的行为不满意	1	2	3	4	5
8	尽管有时得做一些不愿意的事,但我基本上是按自己意愿办事的	1	2	3	4	5
9	一件事是好还是不好,没有什么可含糊的	1	2	3	4	5
10	如果我在某件事上不顺利,我就往往会怀疑自己的能力	1	2	3	4	5
11	我至少有几个知心朋友	1	2	3	4	5
12	我觉得我所做的很多事情都是不该做的	1	2	3	4	5
13	不论别人怎么说,我的观点绝不改变	1	2	3	4	5
14	别人常常会误解我对他们的好意	1	2	3	4	5
15	很多情况下我不得不对自己的能力表示怀疑	1	2	3	4	5
16	我朋友中有些是与我截然不同的人,这并不影响我们的关系	1	2	3	4	5
17	与朋友交往过多容易暴露自己的隐私	1	2	3	4	5
18	我很了解自己对周围人的情感	1	2	3	4	5
19	我觉得自己目前的处境与我的要求相距太远	1	2	3	4	5
20	我很少去想自己所做的事是否应该	1	2	3	4	5
21	我所遇到的很多问题都无法自己解决	1	2	3	4	5
22	我很清楚自己是什么样的人	1	2	3	4	5
23	我很能自如地表达我所要表达的意思	1	2	3	4	5
24	如果有足够的证据,我也可以改变自己的观点	1	2	3	4	5
25	我很少考虑自己是一个什么样的人	1	2	3	4	5
26	把心里话告诉别人不仅得不到帮助,还可能招致麻烦	1	2	3	4	5
27	在遇到问题时,我总觉得别人都离我很远	1	2	3	4	5
28	我觉得很难发挥出自己应有的水平	1	2	3	4	5
29	我很担心自己的所作所为会引起别人的误解	1	2	3	4	5
30	如果我发现自己某些方面表现不佳,总希望尽快弥补	1	2	3	4	5
31	每个人都在忙自己的事,很难与他们沟通	1	2	3	4	5
32	我认为能力再强的人也可能遇上难题	1	2	3	4	5
33	我经常感到自己是孤独无援的	1	2	3	4	5

序号	项 目	完全不符合/完全符合				
		1	2	3	4	5
34	一旦遇到麻烦,无论怎样做都无济于事	1	2	3	4	5
35	我总能清楚地了解自己的感受	1	2	3	4	5

【计分办法】

各分量表的得分为其所包含的项目分直接相加,三个分量表包含的项目及题号如下表所示:

	包含题目	大学生常模	自测分数
自我与经验的不和谐	1、4、7、10、12、14、15、17、19、21、23、27、28、29、31、33,共 16 项。	46.13±10.01	
自我的灵活性	2、3、5、8、11、16、18、22、24、30、32、35,共 12 项。	45.44±7.44	
自我的刻板性	6、9、13、20、25、26、34,共 7 项。	18.12±5.09	

【结果解释】

(1)"自我与经验的不和谐":反映的是自我与经验之间的关系,包含对能力和情感的自我评价、自我一致性、无助感等,它所产生的症状更多地反映了对经验的不合理期望。

(2)"自我的灵活性":与敌对与恐怖的相关显著,可以预示自我概念的刻板和僵化。

(3)"自我的刻板性":不仅同质性信度较低,而且与偏执有显著相关,使用仍然在探索中。

此外还可以计算总分,方法是将"自我的灵活性"反向计分,再与其他两个分量表得分相加。得分越高自我和谐程度越高,大学生中,低于 74 分为低分组,75~102 分为中间组,103 分以上为高分组。

测验三 大学生人际关系自我评定量表

指导语

请你仔细阅读下列 16 个问题。每个问题后面各有 A、B、C 三种答案,请你按照自己的真实情况任选其一。

测试问题

1. 在人际关系中,我的信条是

    A. 大多数人是友善的,可与之为友的。

    B. 人群中有一半是狡诈的,一半是善良的,我将选择善良者而交友。

    C. 大多数人是狡诈虚伪的,不可与之为友的。

2. 最近我交了一批朋友,这是

    A. 因为我需要他们。

    B. 因为他们喜欢我。

    C. 因为我发现他们很有意思,令人感兴趣。

3. 外出旅行时,我总是

    A. 很容易交上新朋友。

    B. 喜欢一个人独处。

    C. 想交朋友,但又感到困难。

4. 我已经约定要去看望一位朋友,但因为太累而失约了,在这种情况下我会感到

    A. 这也无所谓的,对方肯定会原谅我。

    B. 有些不安,但又总在自我安慰。

    C. 很想了解对方是否对自己有不满的情绪。

5. 我结交朋友的时间通常是

    A. 数年之后。

    B. 不一定,合得来的朋友能长久相处。

C. 时间不长,经常更换。

6. 一位朋友告诉我一件极有兴趣的个人私事,我是

    A. 尽量为其保密,不对任何人讲。

    B. 根本没有考虑过要继续扩大宣传此事。

    C. 当朋友刚一离开,随便与他人议论此事。

7. 当我遇到困难时,我

    A. 通常是靠朋友解决的。

    B. 要找自己可信赖的朋友商量办。

    C. 不到万不得已时,绝不求人。

8. 当朋友遇到困难时,我觉得

    A. 他们大都喜欢来找我帮忙。

    B. 只有那些与我关系密切的朋友才来找我商量。

    C. 一般都不愿意来麻烦我。

9. 我交朋友的一般途径是

    A. 经过熟人介绍。

    B. 在各种社交场合。

    C. 必须经过相当长的时间,并且还相当困难。

10. 我认为选择朋友最重要的品质是

    A. 具有能吸引我的才华。

    B. 可以信赖。

    C. 对方对我感兴趣。

11. 我给人们的印象是

    A. 经常会引人发笑。

    B. 经常在启发人们去思考问题。

    C. 和我相处时别人会感到舒服。

12. 在晚会上,如果有人提议让我表演或唱歌时,我会

    A. 婉言谢绝。

    B. 欣然接受。

    C. 直截了当地拒绝。

13. 对于朋友的优缺点,我喜欢

　　A. 诚心诚意地当面赞扬他的优点。

　　B. 会诚心诚意地对他提出批评意见。

　　C. 既不奉承,也不批评。

14. 我所结交的朋友

　　A. 只有那些与我的利益密切相关的人。

　　B. 通常能和任何人相处。

　　C. 有时愿与同自己趣味相投的人和睦相处。

15. 如果朋友们和我开玩笑(恶作剧)我总是

　　A. 和大家一起笑。

　　B. 很生气并有所表示。

　　C. 有时高兴,有时生气,依自己当时的情绪状况而定。

16. 当别人依赖我的时候,我总是这样想的:

　　A. 我不在乎,但我自己却喜欢独立于朋友之中。

　　B. 这很好,我喜欢别人依赖我。

　　C. 要小心点! 我愿意对一些事物持冷静、清醒的态度。

评分方法

各题的计分如下:

1:A.3,B.2,C.1

2:A.1,B.2,C.3

3:A.3,B.2,C.1

4:A.1,B.3,C.2

5:A.3,B.2,C.1

6:A.2,B.3,C.1

7:A.1,B.2,C.3

8:A.3,B.2,C.1

9:A.2,B.3,C.1

10:A.3,B.2,C.1

11:A.2,B.1,C.3

12：A.2，B.3，C.1

13：A.3，B.1，C.2

14：A.1，B.3，C.2

15：A.3，B.1，C.2

16：A.2，B.3，C.1

根据你所选定的答案，找出相应的分数。

将16个题的得分数累加起来，这个数值大致可以评定你的人际关系是否融洽。

结果解释

如果你的总分在38～48之间，说明你的人际关系很融洽，在广泛的交往中你很受众人喜欢；

如果你的总分在28～37之间，说明你的人际关系并不稳定，有一定数量的人不喜欢你，如果你想受人爱戴，还要做很大努力；

如果你的总分在16～27之间，说明你的人际关系不融洽，你的交往圈子太小了，很有必要扩大你的交往范围。

自测后提醒或建议

此问卷仅作为了解自己使用，如有疑问，请咨询专业人员。

测验四　测测你的恋爱观

什么样的恋爱观才是正确的或是基本正确的呢？这个自测方法共分18个问题，每个问题都有四个答案，你可以在最符合自己心理状态的答案上打"√"，然后根据后面的评分方法，算出你的得分。

1. 你想象中的爱情是：

　　A. 具有令人神往的浪漫色彩。

　　B. 能满足自己的情欲。

C. 使人振奋向上。

D. 没想过。

2. 你希望同你的恋人的结识是这样开始的：

A. 在工作和学习中逐渐产生感情。

B. 从小青梅竹马。

C. 一见钟情，难舍难分。

D. 随便。

3. 你对未来妻子的主要要求是：

A. 别人都称赞她的美貌。

B. 善于理家。

C. 顺从你的意见。

D. 能在多方面帮助自己。

4. 你对未来丈夫的主要要求是：

A. 有钱或有地位。

B. 为人正直，有上进心。

C. 不嗜烟酒，体贴自己。

D. 英俊，有风度。

5. 你认为完美的结合应该是：

A. 门当户对。

B. 郎才女貌。

C. 心心相印。

D. 情趣相投。

6. 你认为巩固爱情的最好途径是：

A. 满足对方的物质要求。

B. 用甜言蜜语讨好对方。

C. 对爱人言听计从。

D. 努力使自己变得更完美。

7. 在下列爱情格言中你最喜欢的是：

A. 生命诚可贵，爱情价更高。

B. 爱情的意义在于帮助对方提高,同时也提高自己。

C. 有福同享,有难同当。

D. 为了爱,我什么都愿干。

8. 你希望恋人同你在兴趣爱好上:

A. 完全一致。

B. 虽不一致但能互相照应。

C. 服从自己的兴趣。

D. 互不干涉。

9. 你对恋爱中的意外曲折是这样看的:

A. 最好不要出现。

B. 自认倒霉。

C. 想办法分手。

D. 把它作为对爱情的考验。

10. 当你发现恋人缺点时,你的态度是:

A. 无所谓。

B. 嫌弃对方。

C. 内心十分痛苦。

D. 帮助对方改进。

11. 你对家庭的向往是:

A. 能同爱人天天在一起。

B. 人生有了归宿。

C. 能享受天伦之乐。

D. 激励对生活的追求。

12. 自己有一位异性朋友时,你是:

A. 告诉恋人,并在对方同意下继续同异性朋友交往。

B. 让对方知道,但决不允许对方干涉自己。

C. 不告诉对方,因为这是自己的权利。

D. 可以告诉,也可以不告诉,要看恋人的气量与态度。

13. 看到一位比恋人条件更好的异性对自己有好感时,你是:

A. 讨好对方。

B. 保持友谊，但在必要时向对方说明真实情况。

C. 十分冷淡。

D. 听之任之。

14. 当你迟迟找不到理想的恋人时，你是：

A. 反省自己的择偶标准是否切合实际。

B. 一如既往。

C. 心灰意冷，对婚姻问题感到绝望。

D. 随便找一个算了。

15. 当你所爱的人不爱你时，你是：

A. 愉快地同对方分手。

B. 毁坏对方的名誉。

C. 千方百计缠住对方。

D. 不知所措。

16. 你的恋人对你变心时：

A. 采取"你不仁，我不义"的报复手段。

B. 到处诉说对方的不是。

C. 只当自己瞎了眼。

D. 从中吸取择偶交友的教训。

17. 当你发现你所爱的人已有恋人时，你是：

A. 更加热烈的追求。

B. 用一切手段拆散对方的关系。

C. 若对方尚未确定关系，就进行合理的竞争。

D. 不管对方是否确定关系，自己都主动退出"情场"。

18. 你认为理想的婚礼是：

A. 能留下美好而又有意义的回忆。

B. 有排场，为别人所羡慕。

C. 亲朋满座，热闹非凡。

D. 双方父母满意。

评分标准

题号	A	B	C	D	题号	A	B	C	D
1	2	1	3	0	10	1	0	2	3
2	3	2	1	1	11	2	1	1	3
3	1	2	1	3	12	3	2	1	1
4	0	3	2	1	13	0	3	2	1
5	1	1	3	2	14	3	1	0	1
6	1	0	2	3	15	3	0	1	1
7	2	3	2	1	16	0	1	2	3
8	1	3	1	2	17	1	0	3	2
9	1	2	0	3	18	3	0	2	1

总分解释

如果你的总分在 42 分以上,说明你的恋爱观是正确的;

如果总得分在 42 分以下就说明你的恋爱观不够正确了,应该注意改进;

如果这 18 个问题中有一半你不知怎么回答,则表示你的恋爱观还游移不定,那就需要及早确定。

测验五　抑郁自评量表(SDS)

抑郁自评量表共有 20 道题,用这 20 道题可以比较科学地评定自己的感受。注意答题时不要受别人的影响。

下面列出了有些人可能会有的问题。请您仔细阅读每一条,然后根据最近一星期以内下述情况影响您的实际感觉,在 4 个答题中选择一个。

	有或偶尔有	有时有	经常有	几乎天天有
1. 我感到情绪沮丧,郁闷	①	②	③	④
2. 我感到早晨心情最好	①	②	③	④
3. 我要哭或想哭	①	②	③	④
4. 我夜间睡眠不好	①	②	③	④
5. 我吃饭像平时一样多	①	②	③	④
6. 我的性功能正常	①	②	③	④
7. 我感到体重减轻	①	②	③	④
8. 我为便秘烦恼	①	②	③	④
9. 我的心跳比平时快	①	②	③	④
10. 我无故感到疲劳	①	②	③	④
11. 我的头脑像往常一样清楚	①	②	③	④
12. 我做事情像平时一样不感到困难	①	②	③	④
13. 我坐卧不安,难以保持平静	①	②	③	④
14. 我对未来感到有希望	①	②	③	④
15. 我比平时更容易激怒	①	②	③	④
16. 我觉得决定什么事很容易	①	②	③	④
17. 我感到自己是有用的和不可缺少的人	①	②	③	④
18. 我的生活很有意义	①	②	③	④
19. 假若我死了别人会过得更好	①	②	③	④
20. 我仍旧喜爱自己平时喜爱的东西	①	②	③	④

结果评分

1. 没有或偶尔有:1分;

2. 有时有:2分;

3. 经常有:3分;

4. 几乎天天有:4分

2、5、6、11、12、14、16、17、18、20 共 10 题的计分,与其他题刚好反向计分,即

答 1 者计 4 分,答 4 者计 1 分

把 20 题的分数相加,即得出总分 X,然后根据公式:抑郁严重度指数＝总粗分 X÷80(最高总分),即用总粗分除以 80,既得标准分。

按量表评完之后,首先要检查 20 道题是否全部打了分,然后将各题的得分相加得出总分。

指数范围为 0.25～1.0,指数越高,抑郁程度越重。

指数在 0.5 以下者为无抑郁;

指数在 0.50～0.59 者为轻微至轻度抑郁;

指数在 0.60～0.69 者为中至重度抑郁;

指数在 0.70 以上者为重度抑郁;

测验六　冲击力测验

冲击力		应付的方法	计分
碰到令人担心的事时	A	无法着手工作	0
	B	照干不误	2
	C	两者之间	1
碰到讨论的对手时	A	感情用事,无法应付	0
	B	能控制感情,应付自如	2
	C	两者之间	1
工作进展不快时	A	焦躁万分,无法思考	0
	B	可以冷静地想办法	2
	C	两者之间	1
工作中感到疲劳时	A	脑子不好使了	0
	B	耐住疲劳,继续工作	2
	C	两者之间	1

冲击力		应付的方法	计分
挫败时	A	再也不想干了	0
	B	努力寻找成功的机会	2
	C	两者之间	1
工作条件恶劣时	A	无法干好工作	0
	B	克服困难,创造条件	2
	C	两者之间	1
感到绝望时	A	不想再干工作	0
	B	能很快振奋精神	2
	C	两者之间	1
碰到难题时	A	失去信心	0
	B	能开动脑筋	2
	C	两者之间	1
接到很难完成的任务时	A	顶了回去	0
	B	千方百计干好它	2
	C	两者之间	1
困难落到自己头上时	A	嫌恶之极	0
	B	欣然努力克服	2
	C	两者之间	1

答案

如果总分在 17 分以上,说明忍耐力很强;总分在 10～16 分之间,说明对某些特定冲击的抵抗力较弱;在 9 分以下,说明抵抗力弱。可根据测验结果,合理地、有针对性地进行意志训练。

测验七　学习动机自我测试

这里为大家提供的测验,主要是了解同学们在学习动机、学习兴趣、学习目标制定上是否存在行为困扰。该测试一共 20 个问题,请你根据自己的实际情况,逐一对每个问题做"是"或"否"的回答。答案为"是"记 1 分,答案为"否"记 0 分,为了保证测验的准确性,请认真作答。

(1) 如果别人不督促你,你极少主动地学习。

(2) 当你读书时,需要很长的时间才能提起精神。

(3) 你一读书就觉得疲劳与厌烦,直想睡觉。

(4) 除了老师指定的作业外,你不想再多看书。

(5) 如有不懂的,你根本不想设法弄懂它。

(6) 你常想,自己不用花太多的时间,成绩也会超过别人。

(7) 你迫切希望自己不用花太多的时间,成绩也会超过别人。

(8) 你常为短时间内成绩没能提高而烦恼不已。

(9) 为了及时完成某项作业,你宁愿废寝忘食、通宵达旦。

(10) 为了把功课学好,你放弃了许多你感兴趣的活动,如体育锻炼、看电影与郊游等。

(11) 你觉得读书没意思,想去找个工作做。

(12) 你常认为课本上的基础知识没啥好学的,只有看高深的理论、读大部头作品才带劲。

(13) 只在你喜欢的科目上狠下功夫,而对不喜欢的科目放任自流。

(14) 你花在课外读物上的时间比在教科书上的时间要多得多。

(15) 你把自己的时间平均分配在各科上。

(16) 你给自己定下的学习目标,多数因做不到而不得不放弃。

(17) 你几乎毫不费力就可以实现你的学习目标。

(18) 你总是同时为实现几个学习目标忙得焦头烂额。

（19）为了对付每天的学习任务，已经感到力不从心。

（20）为了实现一个大目标，你不再给自己制定循序渐进的小目标。

测试分析

上述 20 个题目可分成 4 组，它们分别测查大家在学习欲望上 4 个方面的困扰程度：

1～5 题测查学习动机是不是太弱。

6～10 题测查学习动机是不是太强。

11～15 题测查学习兴趣是否存在困扰。

16～20 题测查学习目标上是否存在困扰。

假如被试者对某组（每组 5 题）中的大多数题目持认同的态度，则说明他在相应的学习欲望上存在一些不够正确的认识，或存在一定程度的困扰。将各题得分相加，算出总分。总分在 0～5 分，说明学习动机上有少许问题，必要时可调整。

总分在 6～10 分，说明学习动机上有一定的问题和困扰，可调整。

总分在 14～20 分，说明学习动机上有严重的问题和困扰，需调整。

（注：本测验的结果仅供参考）

测验八　焦虑自评量表

请仔细阅读每一条，把意思弄明白，然后根据您最近一星期的实际感觉，选择最适合您的答案（1.没有或很少时间 2.小部分时间 3.相当多时间 4.绝大部分或全部时间）。

1. 我觉得比平常容易紧张和着急。	1	2	3	4
2. 我无缘无故地感到害怕。	1	2	3	4
3. 我容易心里烦乱或觉得惊恐。	1	2	3	4
4. 我觉得我可能将要发疯。	1	2	3	4

5. 我觉得一切都好,也不会发生什么不幸。　　　　1　　2　　3　　4

6. 我手脚发抖打颤。　　　　1　　2　　3　　4

7. 我因为头痛、颈痛和背痛而苦恼。　　　　1　　2　　3　　4

8. 我感觉容易衰弱和疲乏。　　　　1　　2　　3　　4

9. 我觉得心平气和,并且容易安静坐着。　　　　1　　2　　3　　4

10. 我觉得心跳得很快。　　　　1　　2　　3　　4

11. 我因为一阵阵头晕而苦恼。　　　　1　　2　　3　　4

12. 我有晕倒发作,或觉得要晕倒似的。　　　　1　　2　　3　　4

13. 我吸气呼气都感到很容易。　　　　1　　2　　3　　4

14. 我的手脚麻木和刺痛。　　　　1　　2　　3　　4

15. 我因为胃痛和消化不良而苦恼。　　　　1　　2　　3　　4

16. 我常常要小便。　　　　1　　2　　3　　4

17. 我的手脚常常是干燥温暖的。　　　　1　　2　　3　　4

18. 我脸红发热。　　　　1　　2　　3　　4

19. 我容易入睡并且一夜睡得很好。　　　　1　　2　　3　　4

20. 我做噩梦。　　　　1　　2　　3　　4

将所有得分相加,再将总分乘以 1.25,取整数即可得到标准分。

其中 5,9,13,17,19 为反向计分项目。

判断:以 50~55 分为界,超过 55 分为异常,说明你的情绪处于焦虑状态。

参考文献

［1］陈红英,舒刚.大学生心理健康教程[M].武汉:武汉大学出版社,2012.

［2］凌四宝,杨东明,舒曼.大学生心理健康教育实务[M].北京:中国人民大学出版社,2015.

［3］田爱香.大学生心理健康教育[M].武汉:武汉大学出版社,2015.

［4］肖少北.大学生心理健康教育[M].广州:暨南大学出版社,2010.

［5］李明,等.大学生心理健康教育[M].北京:清华大学出版社,2013.

［6］贾晓明,陶勃恒.大学生心理健康:走向和谐与适应[M].北京:北京理工大学出版社,2005.

［7］林桦,王中军,磨勒坦.大学生心理健康教程(再版)[M].长沙:中南大学出版社,2007.

［8］张国成,邱卫民,王占龙.大学生心理健康教程[M].北京:北京大学出版社,2008.

［9］汪海燕.高职高专学生心理健康指导[M].北京:高等教育出版社,2005.

［10］宋专茂,耿永红.心理健康教育[M].北京:中央广播电视大学出版社,2014.

［11］周蓓.大学生心理健康教育[M].北京:电子工业出版社,2007.

［12］彭晓玲.大学生全程全面心理辅导[M].北京:清华大学出版社,2008.

［13］吴继霞.大学生心理健康学[M].上海:学林出版社,2007.

［14］王文鹏,王冰蔚.高校学生心理健康教育与指导[M].北京:清华大学出版社,2011.

［15］张洪安,李梅.大学生心理健康教育[M].天津:天津大学出版社,2013.

［16］戴朝护.大学生心理健康[M].北京:北京大学出版社,2011.

［17］曾红媛,何进军,陈龙图.大学生心理健康教育[M].上海:复旦大学出版社,2013.

[18] 桑志芹.爱情进行时——爱情心理发展[M].北京:高等教育出版社,2008.

[19] 奚华.恋爱婚姻心理咨询手册[M].北京:华文出版社,2002.

[20] 张明.营造动人心弦的恋情——恋爱心理[M].北京:科学出版社,2006.

[21] 约翰·格雷.男人来自火星,女人来自金星[M].黄钦,尧俊芳,译.长春:吉林文史出版社,2010.

[22] 刘宏伟.恋爱四个微妙阶段[M].北京:中国青年出版社,1993.

[23] 刘庆明,杨丽.新编大学生心理健康[M].大连:大连理工大学出版社,2011.

[24] 蔡敏.青年恋爱心理学[M].北京:北京大学出版社,2013.

[25] 彭聃龄.普通心理学[M].北京:北京师范大学出版社,2004.

[26] 戴维·谢弗.社会性与人格发展[M].陈会昌,译北京:人民邮电出版社,2012.

[27] 邓明珍,王瑞忠.大学生心理素质与教育[M].北京:化学工业出版社,2011.

[28] 毕淑敏.心灵七游戏[M].北京:十月文艺出版社,2014.

[29] 中国就业培训技术指导中心,中国心理卫生协会.心理咨询师(基础知识)[M].北京:民族出版社,2005.

[30] 吴金昌,刘毅玮,李志军.大学生学习心理障碍成因、负效应与对策[J].中国高教研究,2010(05):81-82.

[31] 雷钢.人本主义学习理论对教育技术的新启示[J].中国电化教育,2010(06):30-33.

[32] 熊春连,王延文,王光明.数学优秀生的学习心理特征[J].数学教育学报,2009(02):42-45.

[33] 刘元英.大学生学习心理研究及创新素质培养[D].哈尔滨:哈尔滨工程大学,2005.

[34] 李宝富,周昕,王海燕.大学生学习动力变化的心理因素分析[J].黑龙江高教研究,2006(03):101-103.

[35] 李文晓.大学生学习心理与学习压力[J].中国健康心理学杂志,2006(04):378-380.

[36] 李博豪,韦世艺.近十年大学生学习心理发展特征研究综述[J].黑龙江教育(高教研究与评估),2009(03):39-41.

[37] 於杰,陈龙根,陈晶晶.论成人教育有效教学模式的构建——基于成人学习心理的视角[J].高等农业教育,2009(05):77-79.

[38] 姚梅林,王泽荣,吕红梅.从学习理论的变革看有效教学的发展趋势[J].北京师范大学学报(社会科学版),2003(05):22-27.

[39] 王春梅,辛宏伟.学困生的学习心理障碍与教育对策[J].教育探索,2003(04):83-84.

[40] 徐速.国内数学学习心理研究的综述[J].心理科学,2003(05):877-881.

[41] 屈林岩.学习理论的发展与学习创新[J].高等教育研究,2008(01):70-78.

[42] 许佩卿,叶瑞祥.新形势下大学生学习心理问题的若干思考[J].黑龙江教育学院学报,2008(06):87-89.

[43] 严云.高中生数学学习心理障碍探究[D].苏州:苏州大学,2010.

[44] 张阔,付立菲,王敬欣.心理资本、学习策略与大学生学业成绩的关系[J].心理学探新,2011(01):47-53.

[45] 孙晓莉.大学生学习倦怠的现状及成因研究[D].南京:南京师范大学,2007.

[46] 苏炫,葛明贵.大学生学习心理研究综述[J].江西教育科研,2007(01):16-17.

[47] 王海东.美国当代成人学习理论述评[J].中国成人教育,2007(01):126-128.

[48] 张振新,吴庆麟.情境学习理论研究综述[J].心理科学,2005(01):125-127.

[49] 曾文婕.西方学习理论的三重突破:整体主义的视角[J].外国教育研究,2012(10):3-12.

[50] 杨焓.情境学习理论及其对教学改革的启示[D].武汉:华中师范大学,2012.

[51] 叶浩生.论班图拉观察学习理论的特征及其历史地位[J].心理学报,1994(02):201-207.

[52] 约翰·D·布兰思福特.人是如何学习的:大脑、心理、经验及学校[M].程可

拉,孙亚玲,王旭卿,译.上海:华东师范大学出版社,2013.

[53] 克努兹·伊列雷斯.我们如何学习:全视角学习理论[M].孙玫璐,译.北京:教育科学出版社,2010.

[54] B.R.赫根汉,马修·H.奥尔森.学习理论导论(第7版)[M].崔光辉,朱晓红,纪海英,译.上海:上海教育出版社,2011.

[55] 简妮·爱丽丝·奥姆罗德.学习心理学(第6版)[M].汪玲,李燕平,廖凤林,等译.北京:中国人民大学出版社,2015.

[56] 安妮塔·伍尔福克.教育心理学:主动学习版(原书第12版)[M].伍新春,译.北京:机械工业出版社,2015.

[57] 阿尔伯特·班杜拉.社会学习理论[M].陈欣银,李伯黍,译.北京:中国人民大学出版社,2015.

[58] 爱德华·桑代克.人类的学习[M].李维,译.北京:北京大学出版社,2010.

[59] 刘儒德.学习心理学[M].北京:高等教育出版社,2010.

[60] 姚梅林.学习心理学:学习与行为的基本规律(第2版)[M].北京:北京师范大学出版社,2015.

[61] 刘建峰,石静.大学生心理健康教育[M].上海:上海交通大学出版社,2016.